그대를
사랑합니다. 3

그대를 사랑합니다. 3

1판 1쇄 발행 | 2015년 2월 28일

지은이 | 강성애
펴낸이 | 남승우
펴낸곳 | 남두도서

주소 | 서울시 동작구 사당로9가길 6(사당동)
전화 | 02) 595-1692~4
팩스 | 02) 595-1394
등록 | 1998년 11월 4일 제5-76호
E-mail | namdoo6@unitel.co.kr

값 12,000원

ISBN 978-89-5780-158-1 04810
ISBN 978-89-5780-155-0 (전3권)

디자인 | 편집 이선경 / 표지 나아기획

그대를 사랑합니다. 3

강 성 애 지음

남두도서

들어가는 글

"우리 함께 하나님 나라에서 만날 수 있기를 소망합니다."

김천대학교가 변화의 성장통을 겪고 있을 시기인 2008년 1월 첫째 주부터 기독교신문에 칼럼을 기고하기 시작했습니다.

그즈음은 번잡한 내외의 일들로 차분히 글쓰기가 쉽지 않았지만, 김천대학교를 조금이나마 더 많은 분께 소개할 수 있겠다는 마음으로 시작했습니다.

그러나 평소 성경을 읽고 필사와 설교를 통해… 육십 평생을 성경과 함께했음에도 바쁜 일정과 함께 규칙적인 이런 글쓰기는 쉽지 않았고, 또한 저에게 부족함이 많다는 것을 깨닫게 했습니다.

한편 칼럼을 쓰는 과정은, 세상 살면서 어느덧 무뎌진 가슴으로 대했던 가족, 교직원, 학생, 유학생, 이웃, 지나는 사람… 등을 유심히 보게 되는 계기가 되었습니다.

무심한 말과 행동 그리고 눈길이 아니라, 마음을 담아서 말을 하고, 마음을 실어서 행동을 하게 되었으며, 더 따뜻하게 주변을 바라보게 되었습니다.

칼럼 내용이 제 속을 다 보여주는 것 같아 부끄러울 때가 한두 번이 아니었지만, "잘 보고 있다", "감동 받았다"는 감사와 격려를 보내주시는 분들이 계셔서 큰 힘이 되었습니다.

우리 김천대학교와 하나님의 말씀을 전하고 싶은 마음에 시작했으나, 도리어 저의 부족을 절감하며 겸손해지고 저 자신이 늘 하나님과 교감하며 하나님께 더 나아가는 큰 은혜의 시간이었음을 고백합니다.

부족한 내용이지만 저의 생각과 느낌을 여러분과 함께 나누고 싶어, 기독교신문에 기고했던 2008년 1월부터 2010년 12월까지 만 3년의 글을 정리해 보았습니다. 이 글을 통해 온전한 여러분의 시간을 가져보는 사랑의 단초가 되시기를 바랍니다.

이 글들이 나오기까지 물심양면으로 애써주신 남두도서의 남승우 사장님과 김천대학교 가족 여러분께 진심으로 감사드리며 또한 모든 영광을 하나님께 돌립니다.

2015년 1월

김천대학교 총장 강 성 애

차례

차례

차례

믿음에서 믿음으로 살리라

영혼이 아름다운 젊은 아가씨를 외국에서 만났다.

한국에 가본 적이 없는 숙녀인데도 한국말을 너무나 잘 구사하였다.

손끝에는 타인에 대한 배려가 숨어 있었고, 늘 양보와 아름다운 미소 속에 이웃을 대하였다.

놀라운 것은 바이오 엔지니어링 박사학위와 치과 대학원을 동시에 다니면서 장학금을 전액 받는다는 것이다.

그런데도 그 얼굴에는 겸손함과 미소가 끊이지 않아 햇살같이 아름다운 향기가 후광처럼 그녀를 감싸고 있었다.

단정한 모습에는 주님사랑이 가득 담겨 있었고 말끝에는 감사와 웃음이 향기롭고 사랑스러웠다.

어떻게 그 영혼과 삶이 그토록 아름다울 수 있을까?

아마도 그녀의 부모님이 기도로 키웠을 것이다.

이웃의 말로는 그의 어머니는 안나처럼 늘 기도로 사신다고 귀띔해 주었다.

그리고 그녀의 오빠도 수많은 봉사와 헌신을 다 해오며 존경받고 있다는 것이다.

정말로 감사하다.

저들은 디아스포라 외국에 흩어진 한국인 2세이며 하나님의 사람들이다.

하지만 이곳 타국에서 오직 주님만을 바라보고 살아왔기에 저들과 저들의 가족은 다니엘처럼 하나님이 지혜와 총명을 월등히 부어 주신 것이다.

그래서 세계적인 무대 미국에서 단연 뛰어난 실력과 인격으로 그리고 신앙으로 하나님께 영광 돌리는 삶을 살고 있는 것이다.

그렇다.

우리가 고국에 있든 타국에 있든, 이 땅에서는 나그네일 뿐이다.

우리의 진정한 본향은 하나님 아버지가 계시는 하늘나라이다.

우리가 본향을 바라보면서 날마다 푯대를 향하여 살아간다면 우리는 얼마든지 아름답고 존귀한 삶으로 어디서든지 영광 돌릴 수 있을 것이다.

그런데 당신과 당신의 자녀는 어떠한가?

날마다 본향을 바라보며 믿음으로 살고 있는가?

아니면 세상의 염려와 유혹에 마음을 빼앗겨 우리의 삶이 어둠 가운데 살고 있지는 않은가?

우리 이 시간 자신과 자신의 자녀를 돌아보기로 하자.

그리고 햇살처럼 아름다운 그 여인이 바로 우리들의 믿음의 자녀들이 되기를 소원하면서 날마다 우리 믿음에서 믿음으로 살아가기로 하자.

소망의 삶

부모님을 뵙고 싶어서 고향 교회를 방문했다.

많은 분이 반겨주셨다.

그중에는 내가 태어났을 때 날 받아주셨던 권사님도 계셨다.

혼자 되신 지 몇십 년 지났지만, 예수 안에 신부 된 믿음의 생활이 가는 세월에도 불구하고 여전히 고우셨다.

살면서 우리는 크고 작은 많은 문제를 갖게 된다.

그럴 때마다 우리는 마음속으로 부모님을 생각하게 되고 부모님이 계신 고향을 그리워하게 된다.

고향은 푸근하다.

언제 가도 여전히 반겨 주는 그 모습이 더욱 감사하다.

오늘따라 부모님이 더욱 기뻐하셨다.

함께 간 손녀딸의 모습이 사랑스러운 탓일까, 불효자의 방문이 기뻐서일까?

세상의 모든 것이 변해도 변하지 않는 것, 그것은 부모님의 사랑일 것이다.

우리는 얼마 후 영원한 우리의 고향 집으로 돌아갈 것이다.

3박 4일 인간 세상 여행길 마치고 돌아가는 날, 우리의 진정한 부모님이신 하나님 아버지께선 우릴 어떻게 맞아 주실까?

두 팔 벌려 수고했다고 안아 주실까? 손에 가락지 끼워주시고 머리에 금 면류관 씌워 주실까?

그날을 고대하면서 더 많은 영혼사랑의 선물을 준비해야겠다.

나 혼자만이 아니라 우리의 모든 가족 – 교수, 직원, 학생 – 들이 주님께 돌아가는 날 하나님 아버지 안에서 영원한 축제와 상급의 파티가 열릴 수 있도록 더욱 노력하리라.

그날을 그리워하며 만나는 사람마다 예수 사랑의 가슴으로 더욱 안아 주리라.

내 고향 저 천국 늘 가슴에 품고 이 땅의 부모님께 더욱 사랑과 감사를 올려드리리라.

그 길이 진정 내가 살고 우리가 살 수 있는 영원한 행복의 길이리라.

고향으로 가는 길 그리고 하나님 아버지 품에서의 영원한 안식, 그것이 우리에게 남아 있는 가장 큰 위로와 소망의 삶일 것이다.

"내가 선한 싸움을 싸우고 나의 달려갈 길을 마치고 믿음을 지켰으니 이제 후로는 나를 위하여 의의 면류관이 예비 되었으므로 주 곧 의로우신 재판장이 그날에 내게 주실 것이니 내게만 아니라 주의 나타나심을 사모하는 모든 자에게니라(디모데후서 4 : 7~8)."

예배의 회복

한 교회를 방문했다.

예배 중 성도 간의 인사와 교제의 시간이 있었다.

놀라운 것은 전 성도들이 서로를 꼭 안아 주면서 예수님의 이름으로 축복하고 환영하였다.

형식적인 인사가 아니라 진정어린 사랑의 포옹이었다.

저들은 무척 행복해 보였다.

나는 저들이 왜 그토록 다정하고 행복한지 그 이유를 알고 싶었다.

설교 전에는 그룹별로 성령의 춤으로 하나님께 영광을 돌리었다.

그들은 몸으로 하나님을 찬양하며 진정으로 기뻐하고 행복해했다.

놀라웠다.

자유로움 속에 질서가 있었고 얼굴에는 기쁨과 행복이 넘치고 있었다.

예배 후 함께 식사를 나누는데 식탁에는 한가족 공동체의 기쁨이 있었다.

저들은 또한 주님을 사랑하며 기도에 온전히 헌신하고 있었다.

놀라운 감격이 느껴졌다.

오늘날 많은 교인이 자유와 기쁨을 느끼지 못하며 습관화된 예배 속에 교회를 다니고 있다.

또한, 진정한 성도 간의 사랑의 교제와 인사는 더욱 메말라가고 있으며 삶과 동떨어진 신앙생활을 하고 있다.

이 모든 것은 하나님을 슬프게 하는 일이며 성령의 다이내믹한 역사를 제한시키고 있다.

그래서 교회의 성장은 계속 하향곡선을 그리고 있으며 반면 무슬림교는 그 인구가 계속적으로 성장하고 있는 것이다.

이것은 큰 경고이고 위험이다.

우리는 살아 있는 예배를 회복해야 하며 하나님이 일하시도록 기도에 헌신해야 한다.

경건한 질서 속에서도 천국의 기쁨과 자유가 예배 속에 넘쳐나야 하며 이것이 삶의 치유와 회복으로 연결되어야 한다.

이 시간 우리는 자신과 자신의 교회를 생각해 보아야 할 것이다.

나는, 우리 교회는 진리 속에 자유와 기쁨의 예배를 드리고 있는지, 우리는 예배로 인하여 삶 속에 치유와 회복의 기쁨을 경험하고 있는지, 혹시 타성화 된 기도와 형식적인 예배로 주님을 슬프게 하고 있지는 않은지 자신을 겸손히 돌아보기로 하자.

그리고 우리가 살기 위해서도 성령에 의한 영혼의 예배를 주님께 올리며 우리의 죽어가는 신앙생활이 다시금 회복되기를 노력해야 할 것이다.

강변에서

강변에 자리를 잡고 성경을 들었다.

한 자 한 자 읽어가며 성경을 쓰다 보니 어느새 땅거미가 진다.

빛을 찾아 가로등 밑에 자리를 옮겨 다시 성경을 읽었다.

깊은 평안함이 가슴에 스며온다.

얼마 만인가! 늘 바쁨에 쫓겨 말씀을 암송하지 못하고 지나온 세월이…….

그 바쁨 중에는 평안과 진정한 행복은 없었던 듯하다.

그윽한 행복은 오직 말씀 안에 깊숙이 나를 몰두시킬 때 은혜 속에서 강같이 영혼에 깃드는 것이 아닌가!

이스라엘에 가나안을 주실 때 주님은 거듭 당부하셨다.

"너희가 갈 땅은 아름다운 땅이다. 그 땅에는 온갖 좋은 것이 있을 것이다. 만일 그 땅에 가서 기름진 것을 먹고 나를 잊어버린다면 재앙으로 너희를 칠 것이다. 부디 먹고 배부르더라도 이것만큼은 잊지 말아라. 오직 말씀을 기억하고 그 말씀을 사랑하고 말씀에 순종하여 살기를, 그리고 그 말씀을 따라 하나님을 경외하며 하나님을 높이는 하나님의 백성이 되기를!"

그것이 하나님의 바람이었다.

그러나 이스라엘의 현실은 반대였다.

그것이 우리에게 다가오는 비극적인 일이다.

하나님은 날마다 기도 중에 가장 좋은 것으로 우리를 입혀 주고 채워 주신다.

그러나 형통과 성공 뒤에 영적 게으름이 찾아오고 주님의 은혜를 쉽게 잊게 된다.

그리할 때 주님은 사랑의 경고로 채찍을 들 수밖에 없는 것이다.

그때에야 우리는 다시 주님 주님 찾으며 울고 기도하는 것이 아닌가?

언제나 우리는 철이 들까?

세상 유혹에도, 부귀에도, 형통에도 흔들리지 않는 반석 같은 마음을 구해 본다.

오직 주님만을 바라보며 주님만으로 기뻐하며 주님만을 바라볼 수 있는 나날들이 되기를 …….

오늘도 강변에 앉아 오직 말씀 안에, 주님의 심정을 더듬어보며 내 삶 속에서 주님의 사랑만을 구해 보련다.

그리고 세상의 종말이 온다 해도 흔들리지 않는 평안 속에 오직 주님으로만 기뻐하는 나의 날들이 되기를, 그 믿음을 소유하기를, 마음 깊이 간구해 본다.

일편단심

하나님이 사랑하는 경건한 한 부부가 있었다.

하나님은 이 부부에게 이스라엘을 구원하기 위한 특별한 한 아들을 선물로 주셨다.

이 아들은 하나님의 영광을 위하여 하나님이 선택한, 하나님의 사람이었다.

그는 하나님이 주신 놀라운 힘을 소유하고 있었고, 나면서부터 하나님께 바쳐진 거룩함과 신앙을 생명으로 살아야 하는 선택된 나실인이었다.

그러나 살면서 그는 이성의 유혹에 심히 약한 경향을 보였다.

그럼에도 불구하고 하나님은 그를 통하여 블레셋으로부터 이스라엘을 구원하여 갔다.

그러나 그는 여인의 유혹에 빠져 말해서는 안 될 하나님이 주신 힘의 비밀을 발설하였고 하나님을 배반하였다.

그 결과 그는 하나님이 주신 특별한 그 힘을 잃어버렸고, 그의 두 눈은 뽑혔으며 그의 두 손은 쇠사슬에 묶인 처참한 신세로 떨어지게 되었다.

하나님은 우리들의 연약한 성향을 아신다.

그러나 연약한 성향에도 불구하고 하나님은 우리를 사랑하시며 사용하신다.

하지만 그렇다고 하여 우리가 하나님을 배반하거나 배반하는 경솔한 말들을 해서는 안 된다.

삼손은 간교한 여인에게 빠져서 그러한 치명적인 오류를 남겼다.

간교한 드릴라는 어리석은 삼손을 사랑을 담보삼아 농락하였다.

당신은 어떠한가?

세상과의 사랑에 빠져 하나님을 배반하는 자는 아닌가?

오늘도 어둠의 세력은 하나님의 사람을 이 모양 저 모양으로 공격하고 있다.

그러나 우리가 드릴라라는 간교한 세상과 사랑에 빠져 있지 않다면 그 모든 음모와 간교함을 능히 배척할 수 있을 것이다.

주님은 말씀하신다.

깨어 있으라! 근신하라!

너희 대적 마귀가 우는 사자처럼 삼킬 자를 찾고 있나니…….

이 덫에 걸리지 않기 위해서는 우리는 무엇보다 세상이 아니라 하나님을 뜨겁게 사랑해야 한다.

그것만이 삶 속에서 시도 때도 없이 공격하는 세상의 드릴라를 물리칠 수 있는 유일한 길인 것이다.

당신은 당신을 향한 하나님의 사랑을 알고 있는가?

당신은 일편단심 해바라기처럼 주님의 사랑으로만 만족하며 살고 있는가?

이 시간 자신을 돌아보기로 하자.

열매의 계절에……

오곡이 무르익는 가을이 다가왔다.

시장에는 온갖 과일이 즐비하고 추석의 연휴 속에 나라가 술렁인다.

하지만 이 열매의 계절 속에 우리는 얼마나 감사하고 사는지, 또 그 감사를 하나님과 이웃에게 얼마나 나누며 사는지 자신을 돌아보게 된다.

탈무드에서는,

가난한 자들은 서로를 볼 때에 투명한 유리를 그들 사이에 두고 보는 것 같아서 서로의 형편을 잘 알 수 있다고 한다.

반면, 부자의 유리는 은가루가 가득 붙어 거울로 변형되어, 부자가 어려운 자를 볼 때에 그들 형편은 보이지 않고 오히려 부자 자신만이 보인다고 한다.

그래서 그들은 가난하고 어려운 자의 형편을 알아주고 이해할 힘이 부족하다는 것이다.

뜨거운 여름이 지나고 열매의 계절로 접어들었지만, 우리의 주위에는 가난과 절망으로 뜨거운 고통 속에 노출된 자가 많다.

하나님은 선하시다.

그리고 그 열매를 주신 하나님은 우리를 감찰하고 계신다.

우리 대학의 동역자들은 주님의 은혜에 감사하면서 그분의 말씀을 실천하고자 노력한다.

매년 가을이 되면 다른 어느 때보다 더 풍성한 물품 – 쌀과 라면과 과일 – 들을 싣고서 지역의 소외되고 어려운 어르신들과 장애우들을 방문하곤 했다.

교수님들이 직접 곳곳을 방문하여 물품을 전달하고 하나님의 말씀을 전하기도 하고 그분들의 목마른 대화 상대가 되어드리기도 한다.

모두가 흥겨운 잔치 같은 명절 때마다 오히려 더 어렵고 더 고독해하는 이웃들에게 조그만 위로가 되기를 원하는 것이다.

우리는 우리의 유리에 은가루가 묻어서 자신만을 바라보는 이기적인 오류에 빠지지 않는지, 늘 돌아보아야 한다.

주님은 가난한 자, 병든 자, 고아와 과부의 부모 되시며 모든 선한 열매의 주인이시다.

열매의 계절을 맞이하여 하나님의 기뻐하시는 뜻을 가슴으로 깨닫고 삶으로 순종해 보기를 원하면서 부디 하나님의 것으로 하나님을 기쁘시게 하는 풍요로운 가을의 삶이 되길 소원해 본다.

건 강

오랜만에 딸과 함께 헬스장을 찾았다.

음악에 맞추어 많은 분이 몸을 빠르고 아름답게 움직이고 있었다.

그들과 함께 30여 분을 따라 하다가 더는 따라 할 수 없어서 주저앉고 말았다.

언제 몸이 이렇게 망가졌는지…….

마음은 아직도 청춘인데 몸이 영 따라오질 않는다.

그나마 오늘은 딸을 기쁘게 해주고 싶어서 운동복을 입고 함께 나온 것이 나에게는 큰 자극과 교훈이 된 것 같다.

그동안 주어진 사명에 최선을 다하며 달려왔다.

일에 열중하다 보니 끼니를 거른 적도 많았고 밤을 새운 적도 수없이 많았다.

식사는 언제나 뒷전이었고 목표만이 가슴에 불타고 있었다.

그러다 보니 어느새 몸이 고장 나고 노화된 것이다.

주님은 사람을 육과 혼과 영으로 만드셨다.

그러므로 우리 영혼을 가꾸듯이 우리의 몸도 건강하고 아름답게 관리 유지하는 것이 우리의 의무이며 하나님을 기쁘시게 해드리는 일이다.

또한, 건강한 몸 없이는 어떠한 사역도 지속적이고 열정적으로 계속할 수 없기에 우리는 사역과 함께 우리의 몸도 건강하게 돌보아야 한다.

우리의 허약한 신체는 또한 우리를 사랑하는 가족들에게 커다란 걱정을 끼치는 죄스러운 일이다.

즉, 몸을 돌보지 않음은 우리의 죄악이고 무지이며 또한 게으름이라 할 수 있다.

우리는 모든 것을 선물로 받았다.

이 하나님의 선물인 우리의 몸을 건강하게 소중히 가꾸면서 몸과 영혼을 다하여 하나님과 이웃을 섬김이 하나님이 주신 거룩한 삶이라 할 수 있다.

오늘 망가져 가는 나의 몸과 건강을 한숨 속에 바라보며 스스로에게 무척 미안함과 죄스러움을 느꼈다.

그리고 모든 삶이 주님의 영광을 위해 살듯 우리 몸도 주님 영광을 위해 유용한 도구로 사용되도록 날마다 운동하고 돌보기로 하였다.

당신은 어떠한가?

충분히 건강하고 아름다운가?

아니라면 지금이라도 운동복을 입고 운동화를 신고 밖으로 나아가라.

타는 말이 허약하다면 어떻게 그 말을 타고서 격렬한 영적 전투를 진두지휘할 수 있겠는가?

우리 몸은 우리 영혼을 담고 다니는 말 같은 소중한 도구는 아닐는지…….

이 시간 자신의 전인적 건강을 위해서 다시금 믿음에 서서 소중한 마음의 결단을 해본다.

아름다운 삶의 열매

가을이 되니 열매가 풍성하다.

온갖 과일이 장터를 풍요롭게 하며 마음에 기쁨을 가져다준다.

성경에 "복 있는 사람은 시냇가에 심은 나무처럼 시절을 좇아 과실을 맺으며 그 잎사귀가 마르지 아니하며 그 행사가 다 형통하리라."고 하였다.

그러나 "악인은 그렇지 않으니 오직 바람에 나는 겨와 같다"고 말씀하신다.

이 세상 모두가 복을 좋아하고 복 있는 삶을 살기를 원한다.

그 말은 사람은 누구나 열매 맺는 삶을 살게 되기를 원하며, 또한 우리의 인생이 복의 통로로 고귀하고 인정받는 삶을 살기를 원한다는 것이다.

그런데 누구에게나 태양은 동일하게 비치며 시간도 공평하게 주어지고 있다.

다만, 어떻게 열매 맺는 삶을 사느냐 이것이 우리의 바람이며 또한 숙제인 것이다.

나무는 뿌리에서 양분을 공급받고 가지에서 열매가 맺힌다.

열매의 비결은 바로 생각의 나무와 그 뿌리에 있는 것이다.

우리의 생각은 자라서 행동을 낳게 되기 때문이다.

생각의 나무는 뿌리를 통해 양분을 섭취하고 살기 때문에 우리는 뿌리를 위한 토양을 날마다 갈고 살아야 한다.

즉, 딱딱해진 마음의 밭을 갈아야 하며 물가의 나무처럼 늘 말씀과 생명의 생수로 마음을 가득 채우며 살아야 한다.

열매의 계절 가을에 우리는 황폐해진 마음의 밭을 다시 갈기로 하자.

그리고 그 마음 밭을 말씀의 생수와 사랑의 성령으로 가득 채워야겠다.

그것이 우리의 뿌리가 양분과 수분을 흠뻑 섭취할 수 있는 길이며 빨아먹은 생명과 사랑의 진액 그대로 우리의 생각나무는 성장할 것이기 때문이다.

그리고 가장 정확한 열매의 시간에 우리의 입술과 손끝에서 원액 그대로의 성령의 열매와 사랑의 열매가 우리 삶에 맺혀질 것이기 때문이다.

가을이 되니 하늘이 더욱 드높다.

우리들의 삶의 열매가 푸르른 가을 하늘과 함께 감사의 제물로 하나님께 드려질 수 있다면 우리는 복 있는 자로서 이 가을을 하나님께 한층 더 기쁨이 될 것이다.

그것이 진정 복 있는 자가 맺어야 할 아름다운 삶의 열매인 것이다.

당신은 복 있는 자로서 아름다운 열매가 삶에 맺혀 있는가?

하나님의 선물

얼마 전, 교직원 전체 모임이 있었다.

그날은 특별히 지역의 기관장님을 모시고 의미 있는 특강의 시간을 가졌다.

그 특강의 내용은 '인생과 언어'에 관한 것이다.

즉, 삶에서 말이 씨가 되기에 우리는 언제나 긍정적인 말만 해야 한다는 것이다.

그리고 그 긍정적인 말은 긍정적인 생각과 습관에서부터 시작되기에 우리는 삶 속에서 늘 긍정적인 생각 습관과 함께 긍정적인 말을 해야 한다는 것이다.

지극히 선명한 주제였지만 삶 속에서 우리는 그렇게 살지 못했기에 그 특강은 우리에게 무척 감동적인 귀한 시간이 되었다.

하나님은 말씀으로 세상을 창조하였고 말씀으로 지탱하고 계시며 말씀으로 세상을 심판하실 것이다.

또한, 하나님은 우리에게 영혼을 담는 소중한 그릇으로 언어를 선물로 주셨다.

우리는 이 소중한 영혼의, 그릇 언어로써 우리들의 삶을 아름답게 수놓고 가꾸어 가야 할 것이다.

집 앞의 고운 정원처럼 우리의 언어로 우리 스스로의 삶을 곱게 가꾸어 가야 한다.

하지만 우리는 그러한 진리를 쉽게 잊어버리곤 한다.

때로 우리는 거친 언어로써 우리 스스로의 삶을 어지럽히며 해치는 경우가 허다하다. 또한, 우리 스스로만 아니라 사랑해야 할 이웃까지 고통을 주는 경우가 빈번하다 하겠다.

하지만 주님께서는 "너의 말로 너 스스로 의롭다 함을 얻고 또한 너의 말로 정죄를 받으리라"고 말씀하고 계신다.

그만큼 삶 속의 언어는 지대한 영향력과 힘을 가지고 있다.

하나님은 많은 것을 우리에게 선물로 주셨다.

그 선물에는 시간, 건강, 사랑, 생각, 그리고 언어가 있을 것이다.

우리는 이 선물들을 갖고 우리 삶을 더욱 의미 있고 행복하게 소중히 가꾸며 살아가야 한다. 그리고 그 선물로써 나와 이웃을 하나님 뜻 가운데 더욱 풍성한 삶이 되게 하여야 한다.

그것이 하나님이 기뻐하시는 뜻이다.

우리의 시간과 삶 속에서 우리는 만나는 자마다 우리의 언어로 더 사랑하며 더 격려의 말을 전해야 한다.

그리고 가장 소중한 자신의 삶과 영혼을 위해서도 더욱 겸손하고 정직한 믿음의 습관 속에서 긍정적인 언어와 소망의 언어 속에 자신의 삶이 더욱 아름답게 자라나기를 스스로에게 격려해야 할 것이다.

인생과 언어, 이것은 하나님이 우리에게 주신 고귀한 선물임을 다시 기억하면서 이 계절, 스스로를 아름답게 단장시키는 의미 있는 계절이 되기를 소원해 본다.

믿음의 사람

여호수아와 갈렙.

저들은 이스라엘의 위대한 지도자들이다.

출애굽의 어려웠던 그 시기에 주님은 하나님의 신실한 종 모세와 함께 믿음의 사람 갈렙과 여호수아를 리더로 키워 오셨다.

특별히 눈의 아들 여호수아는 모세의 뒤를 그림자처럼 따라다니며 하나님에 의해 길러진 믿음의 지팡이였다.

한편, 갈렙은 유다의 리더로서 여호수아와 함께 가나안을 정탐했던 열두 스파이 중의 한 사람이다.

모세는 이스라엘 12 지파의 리더들을 가나안 정탐을 위하여 파견하였다.

가나안 정탐 후 열 명의 정탐꾼은 세상의 눈으로 가나안을 평가하고 보고하였다.

그 결과 모든 백성은 울며 이집트로 되돌아가기를 원했다.

하지만 여호수아와 갈렙만큼은 하나님을 온전히 믿었으므로 오직 믿음의 눈으로 가나안 땅에 대하여 보고할 수 있었다.

그렇다.

하나님은 믿음의 눈으로 삶을 바라보는 저들을 기뻐하셨고 그리고 그 믿음의 사람을 통해 가나안 정벌을 시작하셨다.

그리고 열두 스파이 중 오직 믿음의 사람 여호수아와 갈렙만이 가나안 땅을 밟게 되었다.

지금 우리의 사회는 혼란하다.

이러한 우리 사회 속에 꼭 필요한 인물들은 이와 같은 믿음의 눈을 가진 하나님의 사람들이다.

하나님은 믿음의 눈을 가진 리더들을 오늘도 찾고 계신다.

그리고 그 믿음 속에 그리고 그 비전 속에 하늘의 기적이 이 땅에 임할 수 있을 것이다.

당신은 어떠한 리더인가?

믿음의 눈을 가진 자인가, 아니면 땅 끝에 눈을 고정한 세상의 리더인가?

하나님은 오직 믿음을 통하여서만 선하게 당신을 사용하실 수 있을 것이다.

이 시간 우리 자신을 바라보자.

그리고 마음의 허리를 동이며 날마다 믿음에서 믿음으로 살아가자.

그리할 때 하늘의 영광이 당신을 통하여 이 땅을 치료하고 회복시킬 수 있게 될 것이다.

"복음에는 하나님의 의가 나타나서 믿음으로 믿음에 이르게 하나니 기록된바 오직 의인은 믿음으로 말미암아 살리라 함과 같으니라(로마서 1 : 17)."

오염된 지도자 발람

한 교회를 방문했다.

그 교회는 기도에 뜨거웠고 수많은 응답 속에 행복한 믿음의 삶을 살고 있었다.

반면 요즘의 교계는 선한 주의 종을 가장한 이단의 거짓 목자들이 교회를 어지럽히고 있는 실정이다.

우리는 성경 속의 거짓 예언자 발람을 생각해 볼 수 있다.

그는 미디안 족속 중에서 하나님의 이름을 안 자였고 하나님의 이름 속에서 사역하였던 예언자였다.

그러나 모압의 왕이 그를 미혹케 하자 발람은 그 미혹에 빠져들어갔다.

그 미혹에는 돈과 권세의 미끼가 들어 있었다.

발람은 하나님께 기도하였다.

하나님은 그에게 그 일을 허락지 않으셨고 하나님의 뜻을 분명히 밝혀 주셨다.

그러나 미혹된 발람은 하나님의 허락을 계속 요구하는 기도를 하였고, 하나님은 기뻐하지 않은 상태에서 그 일을 허락하게 되었다.

어리석은 발람은 기도 응답을 받았다고 착각하면서 아침에 나귀를 타고 미혹된 그 길을 가게 된다.

그러나 그 길은 하나님이 기뻐하는 길도 응답의 길도 아니었다.

그것은 욕심의 길이었다.

그런 발람에게 하나님은 정녕 노하고 계셨다.

그래서 천사를 통해 그를 징계키로 작정하셨다.

미혹된 그 길목에 천사가 칼을 들고 있었으며 나귀가 피하지 않았다면 그는 천사의 손에 의하여 죽고 말았을 것이다.

우리는 현대판 발람을 수없이 만나곤 한다.

발람은 순수한 성도들을 미혹하고 있으며 하나님의 뜻이라는 이름 아래 성도들의 것을 착취하곤 한다.

이 시간 우리는 자신들을 살펴보아야 하겠다.

우리가 세상의 욕심에 오염된 주의 종들은 아닌지, 그리고 미혹된 기도 응답을 갖고 연약한 성도들을 잘못 인도하는 발람 같은 존재는 아닌지…….

이제 우리는 세상을 따랐던 육체의 마음을 내려놓아야겠다.

하나님의 뜻보다는 내 뜻을 주장하려는 어리석고 교만한 마음을 버려야 할 것이다.

그리고 주님을 사랑하였던 순수하고 뜨거웠던 첫사랑과 첫 믿음으로 돌아가야 하겠다. 가을 하늘이 드높다.

우리의 믿음과 인격이 가을 하늘처럼 순수해지기를 소망해 보면서 겸손히 기도 속에 우리 자신을 돌아보기로 하자.

주님의 영원한 신부

오늘 동생의 결혼식이 있었다.

신부는 눈부시게 아름다웠다.

행복한 사랑의 미소가 얼굴 전체에 흐르듯 물결쳤다.

나는 동생의 결혼을 진심으로 축하하면서 우리도 언젠가는 주님의 신부로서 공중에서 아름다운 혼인 잔치를 갖게 될 것을 생각하게 되었다.

그때 우리는 눈부시도록 아름다울 것이다.

주님이 입혀 주신 세마포는 눈보다 희고 햇빛처럼 찬란하게 빛날 것이다.

그때는 삶의 무거운 짐으로 인해 그늘져진 추한 우리의 얼굴들은 모두 사라질 것이다.

오직 주님의 사랑스러운 신부로서 진정한 기쁨 속에 참으로 아름답고 행복할 것이다.

나는 마음속으로 그 생각을 하면서 주위를 돌아보았다.

많은 분이 신부의 아름다운 모습을 부러운 듯 유심히 바라보고 있었다.

고난의 세월로 인하여 이마에 유난히 주름이 깊게 파인 어두운 얼굴들도 보였다.

하지만 주님과 만나는 그날이 오면 우리 모두는 가장 아름다운 주님의 신부들로 바뀔 것이다.

왜냐하면, 주님은 주님을 깊이 사랑하는 우리의 마음을 기억해 주실 것이며 또한 그러한 우리에게 가장 아름다운 세마포 옷을 입혀 주실 것이기 때문이다.

행복한 그 생각을 하면서 주위를 바라보니 모든 얼굴이 더욱 사랑스럽고 귀하게 느껴졌다.

그렇다.

그날에는 우리의 외모가 문제가 아니라 우리의 마음과 삶이 가장 중요한 초점이 될 것이다.

오직 날마다 깨어서 주님과 동행하는 자 그리고 말씀에 순종하면서 끝까지 주님을 사랑하는 자에게 주님은 이러한 천국 혼인 잔치의 축복을 주실 것이다.

그날을 바라보며 우리는 날마다 깨어 있기로 하자.

당신은 주님의 소중한 신부이다.

당신은 그날을 고대하면서 오늘도 믿음 속에 준비하며 살고 있는가?

당신의 신랑 예수님은 이제 아주 문 가까이에 와 계심을 당신은 알고 있는가?

우리 이제는 삶의 안일한 잠에서 깨어나 오직 주님을 기쁨으로 맞이하기 위하여 날마다 깨어 있기로 하자.

그리고 주님의 영원한 신부로 살기 위하여 오늘도 일편단심 주님만을 사랑하며 살아가기로 하자.

그리스도 안의 새사람

존경하는 목사님이 계셨다.

그분은 사람들에게 늘 소망을 주시는 분이시다.

언제나 축복과 격려의 말씀을 입에 달고 사신다.

그분과 대화할 때면 마음에 늘 용기를 갖게 된다.

오늘도 그분께 전화를 드리자 축복과 격려의 언어 속에 삶의 용기와 힘을 주셨다.

고마운 분, 세상에 꼭 필요한 지도자이시다.

나는 그분을 존경하며 그분처럼 언제나 만나는 모든 자에게 희망과 용기를 주며 살고 싶다.

언제쯤이면 나도 그렇게 될 수 있을까?

아마도 그분은 말씀과 기도 속에서 아름다운 주님 축복의 도구가 된 것이 아닌가 생각한다.

나의 나이 오십 대 중반, 그러나 뒤돌아보니 부끄러움뿐!

아직도 철없는 행동들이 불쑥불쑥 튀어나와 나의 마음을 부끄럽고 아프게 한다.

주님은 그리스도의 장성한 분량까지 우리의 성품이 자라나기를 오늘도 기다리고 있지만, 어느 세월 아름다운 성숙한 리더가 될 수 있을지…….

그러나 이 시간 울부짖는 사도바울의 그 겸손한 고백을 생각해 볼 때, 비참한 우리지만 그래도 한 가닥 희망을 품게 된다.

그렇다.

우리의 옛사람은 믿을 수 없이 부족하고 변덕스러운 것.

하지만 주님은 십자가상에서 우리 옛사람을 처리해 주셨고 부활 속에서 성령의 새로운 성품을 선물로 허락해 주셨다.

우리 이제 우리가 할 수 있는 일은 성령의 생명의 법을 날마다 마음으로 기뻐하면서 성령님 좇아 하루하루 순종하며 사는 삶일 것이다.

그것이 주님으로 말하게 하고 주님으로 생각하게 하는 임마누엘 하나님을 경험하는 삶일 것이다.

오늘도 믿음의 선배, 귀한 목사님을 생각하면서 오직 날마다 성령님 좇아 살아가기를 다짐해 본다.

그런데 당신은 어떠한가?

훈련된 그리스도의 인격 속에서 향기 나는 아름다운 리더의 삶을 살고 있는가?

당신은 그리스도로 날마다 옷 입고 살고 있는가?

이 시간 우리 자신을 진솔하게 돌아보면서 믿음에서 믿음으로 살아가기를 다시금 다짐해 보자.

안개 인생

얼마 전, 교수님 한 분과 아픈 대화를 나누었다.

겸임 교수님이 간암으로 세상을 갑자기 떠나셨다는 것이다.

그분은 학생을 지극히 사랑하시던, 존경과 신뢰를 받던 우리 대학의 교수님이셨다.

말씀하시는 여 교수님의 눈에는 이슬이 맺혔다.

인생은 안개와 같다.

떠날 때는 순서가 있지만 갈 때는 순서가 없다.

그래서 우리는 늘 죽음을 준비하면서 잘 죽기 위해 잘 살아야 한다.

얼마 전, 김대중 전 대통령이 서거하셨다.

수많은 죽음의 고비를 넘기신 의지의 대통령이시다.

그러나 하나님이 죽음으로 부르실 때 인간의 지위나 빈부나 연령의 제한이 따로 없다.

하나님이 “이제 그만” 하고 우리를 부르시면 우리는 모든 것을 내려놓고 떠나야만 한다.

어떤 이에게 이 죽음은 고통스러운 영원한 죽음일 것이고, 또 어떤 이에게 이 죽음은 영원한 생명으로 향하는 기쁨의 시작일 것이다.

기왕 인생을 살 바에야 우리는 영원한 생명의 길을 택해야 한다.

주님은 우리에게 영생을 주시기 위하여 험한 고통 받으시고 십자가에 달려 희생하셨다.

우리는 주님의 이 십자가를 늘 바라보면서 순간순간 믿음으로 선택하여 승리의 길을 걸어야 한다.

세상의 부귀영화가 인생의 승리가 아니라 진리와 순종의 길이 참 승리의 길이며, 성령에 의한 하나님과 동행하는 삶만이 인생의 진정한 행복과 승리의 길인 것이다.

이 시간 자신을 돌아보자.

나는 준비되어 있는가?

마음속에 떠날 차표 이미 끊어놓고 정결하게 살고 있는가?

아니면 오늘도 이 세상을 사랑하여 이 세상에 안주하며 살고 있는 어리석은 자는 아닌가?

이 시간 우리 자신을 돌아보면서 우리의 날들을 오직 예수, 오직 말씀으로 가득 채우며 날마다 믿음에서 믿음으로 살아가기로 하자.

감사하는 사마리아인

가을은 추수의 계절, 감사의 절기이다.

들판의 벼들은 황금빛을 띠고 추수의 날들을 기다리고 있다.

우리는 많은 열매와 추수의 기쁨을 주신 하나님께 감사를 올려야 한다.

그러나 삶 속에서 우리는 얼마나 하나님께 감사를 올리며 살고 있는지 생각하게 된다.

성경에 열 명의 문둥병 환자의 이야기가 나온다.

그들은 주님이 가시는 그 길에 멀리 서서 외치고 있었다.

"나사렛 예수여 우리를 불쌍히 여기소서!"

주님은 부르짖는 저들의 소리를 들으시고 그들을 부르셨다.

그리고 제사장에게 가서 네 몸을 보이라고 말씀하셨다.

이 말씀의 의미는 그들의 몸이 나았다는 것을 의미하며, 제사장은 공식적으로 그 일을 확인하여 주며 이제 가족과 사회로 돌아갈 수 있다는 온전한 회복을 의미한다.

그들은 주님의 말씀에 순종하여 제사장에게로 길을 떠났다.

그리고 그 순종의 길에서 온전한 응답과 치료가 되었음을 느끼게 되었다.

그런데 은혜받은 자 중에 감사할 줄 아는 사람은 한 사람밖에 없었다.

그것도 가장 천시받던 사마리아인이었다.

그 사마리아 문둥병자는 놀라움과 벅찬 기쁨 속에 다시 되돌아와 주님 발아래 엎드려 감사와 경의를 표했다.

주님은 "치료된 자 아홉은 어디 있느냐"고 물으셨다.

그리고 감사하는 그에게 영혼의 구원을 선물로 허락하셨다.

배은하지 않고 감사를 알며 그 감사를 주님께 경외함으로 올려드리는 일, 이것은 주님이 원하시는 일이며 우리의 마땅한 도리이다.

하지만 기쁨에 취한 아홉 명은 은혜의 도리를 망각하고 만 것이다.

그것은 주님과 우리 모두를 슬프게 하고 있다.

가을은 감사의 계절이다.

우리 이제 맡은바 감사할 일들을 생각해 보자.

무엇보다 우리의 구원을 위하여 아들과 함께 자신의 모든 것을 내어 주신 하나님의 사랑을 감사해야 할 것이다.

감사는 하나님을 기쁘시게 하는 아름다운 가을의 열매이다.

그리고 오늘의 감사는 더 풍성한 내일의 감사를 갖고 오는 축복의 지름길인 것이다.

감사로 삶을 사는 자, 그는 하나님의 아들들이며 하나님을 기쁘시게 하는 하나님의 사람들이다.

존귀한 생명

얼마 전, 탤런트 최진실이 자살했다.

그리고 바로 그 전에는 탤런트 안재환이 자살했었다.

유명 탤런트들의 죽음은 우리를 놀라게 했다.

최진실은 우울증을 앓아 왔고 인터넷상의 잘못된 네티즌의 오해와 무차별적 악플이 그녀를 죽음의 길로 내몰았다는 것이다.

그러나 자살은 해결책이 아니다.

자살은 남아 있는 가족에 대해 무책임한 행동이며 또한 그들에게 깊은 상처와 아픔을 남기게 된다.

화면의 최진실은 환하게 웃는 아름다운 모습이었다.

그러나 그녀의 내면은 타인으로 인한 고통으로 신음하고 있었다.

우리 주위에 얼굴은 웃어도 마음에 뜨거운 눈물을 흘리는 자가 얼마나 많은가?

우리는 교회 내 성도들을 다시 한 번 살펴보아야겠다.

맡겨 주신 양떼 중에 가슴 아파 뜨거운 눈물 흘리는 자가 없는지,

억울함 속에 살기를 포기하려는 자는 없는지.

그러나 그 아픔에도 불구하고 하나님은 그들을 사랑하고 있으며 그 아픔과 상처는 주님이 함께하시므로 치료될 수 있다.

상처가 깊을수록 하나님의 은혜는 더 깊이 임하실 수 있으며 그로 인해 더 많은 영광도 올릴 수 있다.

하지만 인터넷 악성 댓글은 우리 사회의 심각한 일이다.

얼굴도 없는 범인이 숨어서 독을 묻힌 화살을 노출된 연예인에게 마구 쏘아대어서는 절대로 안 된다.

타인을 배려하는 마음, 생명을 소중히 하는 마음 등 우리 국민들의 의식수준이 높아져야 하겠다.

그녀의 발인에는 수많은 연예인이 참석했다.

그들은 모두 오열하고 있었다.

그들은 최진실의 그 문제를 동일한 자신들의 숙제로 생각하면서 고통 속에 괴로워하고 있었다.

우리 이제 자성해야 할 시간이다.

인터넷 네티즌도 자성해야 하며 목숨을 쉽게 생각하는 인생도 마찬가지이다.

우리의 날들은 심히 소중하며 주어진 재능과 은사는 아름답고 또한 그것은 사명을 위해 사용돼야 한다.

가을이다.

우리 모두 저들의 죽음 위에 자신들을 돌아보면서 우리들의 한날 한날을 소중히 여기며 살아가기를 염원해 보자.

사랑의 무지개

장엄한 나이아가라 폭포를 찾아 오랜만에 가족과 함께 여행을 왔다.

나이아가라 폭포의 그 장엄함이 뼛속까지 스며들고, 그 놀라움에 눈을 감을 수가 없었다.

물보라가 연기처럼 구름 되어 피어나는 곳, 이곳이 하나님의 능력이 눈으로 보이는 곳이다.

몇천 년 지나도록 주님의 능력은 흐르는 물살과 떨어지는 폭포 속에 숨 쉬고 있었다.

우리는 비옷을 입고 폭포 아래 있는, 떨어지는 폭포를 바로 볼 수 있는 동굴로 들어갔다.

눈앞에 떨어지는 폭포의 물보라로 인해 눈을 뜰 수가 없었다.

하지만 그 장엄함을 한순간도 놓치고 싶지 않아서 눈이 빨개지도록 쳐다보고 또 쳐다보았다.

아~ 하나님의 크신 그 위대함이여!

말할 수 없는 감동이 우뢰 소리 같은 물보라와 폭포 속에서 내 영혼의 찬양이 되어 터져 나왔다.

더 놀라운 것은 무지개가 내 머리 위에 머물고 있는 것이 아닌가!

걸음을 옮기자 무지개도 같이 움직였다.

무지개는 내가 가는 방향으로 함께 움직이고 있었다.

그런데 딸도 움직이는 대로 그 무지개가 움직이고 있었고 사위도 자기 방향으로 무지개가 움직이고 있다고 했다.

얼마나 놀라운 감동과 체험인지!

하나님이 우리에게 주신 무지개는 크지 않은 아담한 무지개였는데 해가 비치는 데 따라 아름답게 일곱 가지 색을 발하고 있었다.

하나님은 노아에게 언약의 무지개를 보여주시며 그의 신실하신 언약을 말씀하셨다.

지금 그 무지개가 가족 한 사람 한 사람을 감싸고 있는 것이다.

마치 "너희는 나의 사랑하는 아들과 딸이다. 내가 세상 끝날까지 너희와 함께 하겠노라"고 하는 듯.

그렇다.

하나님은 나의 왕 나의 하나님이시다.

세상 끝날까지 오직 주님만을 바라보며 달려가리라.

그 길에 추위와 더움이 있을지라도 오직 주님만을 높이며 날마다 감사와 찬양 속에 걸어가리라.

저 나이아가라 폭포의 하나님은 바로 우리의 하나님이셨다.

피어나는 물 연기 기둥 속에 진한 하나님의 사랑을 느끼면서 가슴에 무지개를 꼭 안고서 귀가의 길로 발걸음을 옮겼다.

인생의 두 길

모든 사람은 두 길 중 한 길을 걷고 있다.

하나는 생명의 길이고 하나는 죽음의 길이다.

생명의 길은 좁은 길이다.

그러나 그 길에는 평안과 기쁨과 소망이 넘친다.

따라서 그것은 좁은 길이지만 마음에는 천국 길이다.

사망의 길은 넓다.

그리고 많은 사람이 쉬운 이 길을 걷고 있다.

이 길은 자기 마음대로 살아가는 길이다.

미워하고 싶을 때 미워하고 쾌락을 좇고 싶을 때 쾌락을 좇으며 사는 길이다.

그러나 그 쾌락의 잔에는 독이 묻어 있으며 넓은 길의 끝에는 수많은 독사가 우글거리고 있다.

그리고 결국은 절망의 늪으로 전락되고 만다.

우리는 이 두 길을 확연히 알고 그렇게 가르쳐 왔다.

하지만 생명의 길을 걷는다고 착각하면서도 사실은 사망의 길을 걷고 있는 사람들이 교회 안에서도 얼마든지 많다.

주님은 "주여, 주여" 하는 자마다 천국에 들어갈 것이 아니라 오직 하나님의 뜻대로 행하는 자라야 천국에 들어갈 수 있다고 하시기 때문이다.

요즘의 교회는 초대 교회의 순수함을 잃어버리고 있고 성도들은 마음의 순결과 신앙의 절개에 무감각하게 살고 있다.

이러다가 주님이 재림의 나팔을 불게 된다면 우리는 넉넉하게 휴거될 수 있을까?

타성화된 신앙생활 속에 자신에게부터 일침을 가해보고 싶다.

"주님의 성산에 거할 자는 오직 의롭게 사는 자, 손을 흔들어 토색한 재물을 싫어하는 자, 마음의 정결을 사모하여 눈을 감고 악을 보지 않으려 하는 자라(시편 15 : 1~5)"고 주님은 말씀하고 계시며

"그 두루마기를 날마다 빠는 자는 복이 있나니 저는 생명나무에 들어갈 권세를 얻으려 함이라(요한계시록 22 : 14)"고 또한 말씀하시고 계시기 때문이다.

우리 이제 세속의 잠에서 깨어날 때가 되었다.

잠자던 우리 영혼이 자리에서 일어나 조용히 무릎을 꿇고 주님 뵙기를 소망해 보자.

이 세상에 우리의 집은 없다.

진정한 우리의 집은 주님이 그곳에 지어 주시고 있기 때문이다.

지금이라도 이 세상에 너무 젖어서 살던 우리의 영혼과 마음을 다시금 일깨워야 할 시간이 된 것 같다.

잘못하다간 열 처녀 중 다섯 처녀의 비참함으로 우리의 운명이 전락할 수 있기 때문이다.

교회가 잠을 깨어야 한다.

그래야만 세상이 마지막 주님의 빛을 볼 수 있기 때문이다.

성숙된 도시

콜럼버스.

이는 미국 오하이오 주의 수도이다.

기독교인이 80% 이상이며 미국 비즈니스 샘플 시연회를 보통 이곳에서 많이 행한다고 한다.

이곳 주민들이 좋아하면 그것은 비즈니스의 성공 가능성이 높다는 것이다.

오하이오주의 콜럼버스는 조용하고 아름다운 도시이다.

놀라운 것은 대형 마트에 손님 스스로 물품 대금을 지급하고 매장을 나가는 곳이 많다는 것이다.

얼마나 정직한 곳인지!

며칠 전, 유명한 스웨덴 가구 브랜드 이케아 매장을 갔다.

그곳에는 그릇, 침대, 가구, 어린이용품 등이 수없이 많고 규모도 창고형으로 대단히 컸다.

물건을 계산하는 데는 두 종류가 있었다.

한 곳은 판매원이 있는 곳이고 한 곳은 스스로 대금을 치르고 나오는 곳이었다.

많은 사람이 스스로 대금의 길을 선택했다.

기계 속에 대금을 지급하고 나오는 사람들을 보면서 마음속에서 깊은 감동을 하게 되었다.

주일날은 빈 야드 교회에 갔다.

이곳 콜럼버스에는 빈 야드 교회가 많이 있었다.

그 교회들은 찬양과 기도 그리고 말씀과 성령의 역사가 무척 조화가 잘 되어 있었다.

놀라운 것은 흑인과 백인, 아시안들 모두가 함께 뜨거운 찬양을 드리고 있었다.

그것이었다.

이곳의 많은 크리스천은 진정 정직한 크리스천들이었고 저들의 삶은 조화와 성숙함이 있었다.

저들은 믿음의 섬김과 말씀과 성령의 역사가 분리되지 않은 삶의 신앙의 일치가 있었다.

그것이 저들의 사회를 정직과 아름다운 사회로 가꾸어 온 것이다.

그것이 많은 대형 마트의 정직하고 자신 있는 '스스로 결재 시스템'을 용감하게 운용할 수 있는 이유 중 하나인 것이다.

놀라웠다.

우리는 어떻게 해야 삶과 신앙이 일치되는 성숙한 교회와 교인이 될 수 있을까, 많은 생각을 하면서 그곳을 떠나게 되었다.

아름다운 당신

오늘따라 하늘이 푸르고 교정의 소나무가 수려하고 아름답다.

아름다움, 이것은 하나님이 우리에게 주신 커다란 선물이다.

아름다움을 보고 느낄 때 우리의 마음은 스며들 듯 정화되고 행복하기 때문이다.

그러나 그 아름다움을 가꾸기에도 기본이 있음을 생각하며 하나님 보시기에 아름다운 사람이 되길 원한다.

그 원칙의 첫째는 마음의 아름다움을 가꾸는 일이다.

그것은 하나님을 사랑하고 사람을 사랑하는 길이다.

그러면 그 마음이 아름다워질 것이다.

둘째는 생각을 아름답게 지키는 일이다.

왜냐하면, 생각은 삶의 뿌리이기 때문이다.

셋째는 말을 아름답게 지키는 일이다.

우리는 말의 열매로 인해 죽고 살곤 한다.

분노의 순간에도 말을 조심해라.

한번 뱉은 말은 주워담기 어렵기에 온유한 말로 표현하며, 할 수 있는 한 상대를 이해하는 존중의 말로 바꾸어야 한다.

넷째는 행동을 아름답게 가꾸어라.

당신이 삶에서 남을 섬기는 태도로 살고 있다면 당신의 행동은 아마도 아름다운 향기 그 자체일 것이다.

다섯째는 몸의 아름다움을 가꾸는 일이다.

그것은 무엇보다 운동하는 일이다.

때에 맞추어 소식하며 기쁘게 식사하라.

그리고 아름다운 체형과 체력을 가꾸어라.

건강한 몸 없이 정열적으로 일할 수 없기 때문이다.

마지막 여섯 번째는 아름다운 얼굴과 외모를 가꾸어라.

하나님은 중심을 보지만 사람은 외모를 보고 평가하기 때문이다.

그러나 가장 아름다운 얼굴은 무엇보다도 미소 띤 얼굴일 것이다.

당신이 만약 외모에 자신이 없다면 만나는 사람마다 아낌없는 격려와 함께 따스한 미소를 늘 선물해라.

얼마 있어 당신은 그 어떤 사람보다도 아름답고 소중한 얼굴과 존재로 기억될 것이다.

하늘이 드높다.

파란 하늘을 주신 하나님께 감사하며 무엇보다 우리들의 삶이 하나님 보시기에 아름다운 믿음의 삶이 되기를 원한다.

당신은 아마도 그런 멋있는 믿음의 아름다운 사람으로 나날이 바뀌어 갈 것이다.

열방교회 열방예배

오늘 기숙사생을 중심으로 주일날 첫 열방교회 열방예배를 드렸다.

수많은 학생이 고향을 떠나 기숙사 생활을 하면서 신앙이 약해지고 있기 때문이다.

선교학과 교수님을 생활관 관장으로 모신 까닭에 선교학과 학생들이 솔선수범하여 첫 열방예배를 뜨겁게 찬양으로 인도하고 있었다.

말할 수 없는 감동이 가슴을 메어 왔다.

우리 대학교는 월요일 첫 보직자 회의 때부터 성경공부로 한 주간을 시작한다.

그리고 교직원 수요예배와 일학년 전체의 목요채플이 행해진다.

이때는 총장을 비롯한 모든 교직원이 함께 참석하며 학생들의 주님 안에서의 인간성 회복과 영성을 이끌어 준다.

매주 금요일은 유학생을 대상으로 국제채플이 행해지며 이때는 크리스천 교수님들이 저들의 양부모가 되어 함께 참석하시고 믿음 안에 제자화로 인도해 주신다.

또한, 금요일 날 임상센터에서는 지역의 소외된 어르신들을 모시고 의료봉사의 현장실습이 이루어진다.

이때는 교수와 학생이 하나가 되어서 사랑 속에 저들을 섬기는데 그 모습이 너무나 감동적이다.

그런데도 하나님은 오늘 기숙사 열방교회 열린 예배를 우리에게 허락해 주셔서 세계를 향한 뜨거운 가슴을 또 한 번 열 수 있도록 인도해 주신 것이다.

할렐루야!

맨 처음 복음의 불모지였던 이곳이 이렇게 하나님의 영광으로 가득 찬 나날들이 된 것에 감사를 드린다.

지극히 적은 자들의 순종을 통하여 수많은 생명의 열매를 맺어 가시는 주님의 은혜에 목이 메인다.

그렇다.

하루를 살더라도 오직 주님 영광 위해 살아가리라.

나의 나 된 것은 오직 주님의 은혜이니 목숨 있는 동안 주님 영광 위해 다시 이 생명 드리리라.

저 영원한 본향을 향하여 뒤돌아보지 않고 우리 모든 교직원의 손을 맞잡고 학생들을 품에 꼭 안고서 광명한 그 나라를 향하여 날마다 달려가리라.

할렐루야!

여호와 이레

새 학기가 되었다.

교정은 다시 학생들로 붐비기 시작하였고 젊음의 생기가 온 대학에 넘쳐났다.

그러나 아직 리모델링을 끝내지 못한 도서관 건물로 인해서 마음이 조급해졌다.

마음으로 주님께 기도를 드린 후 우린 서울로 향했다.

커튼, 장식, 인테리어 소품들……, 이 모든 것을 주님께서 인도해 주시기를 기도하면서 세운상가, 동대문시장을 누볐다.

학생들을 위한 하나님의 선물들을 찾고 찾았던 것이다.

필요한 물품들을 아주 저렴한 가격으로 구입한 후 우리는 다시 집으로 향했다.

마음속에 깊은 감동과 감사를 가득 안고서 차 안에서 오늘을 결산하는 평가의 시간을 가졌다.

놀랍게도 우리에게 필요한 모든 물건을 하나님은 이미 준비해 놓고 계셨음을 우리 모두는 느낄 수 있었다.

주님은 진실로 여호와 이레의 하나님이셨다.

그렇다.

하나님은 우리보다 학생들을 더 사랑하셨고, 우리에게 필요한 모든 것을 이미 알고 계셨다.

주님은 언제나 한발 앞서가시면서 늘 인도해 주셨고 함께해 주시는 삶의 주님이셨다.

감사와 감동 속에서 발이 부르트는 몸의 피곤함도 잊게 되었다.

이스라엘과 함께 광야 40년을 인도하시며 함께하셨던 하나님은 우리와 늘 함께하신다.

어려운 입시도 또한 리모델링도 그리고 우리 삶의 크고 작은 필요한 모든 일에도 함께하신다.

주님은 에녹과 동행하셨을 뿐만 아니라 지극히 적은 자, 그러나 주님의 이름을 부르며 주님을 사랑하는 자와 날마다 함께하시는 것이다.

그래서 고난 속에서도 우리 마음에는 늘 감사와 기쁨이 넘칠 수 있다.

나보다 더 나를 아시고 나보다 더 나를 사랑하시는 주님!

주님은 우리 대학의 학생들이 사랑과 진리 속에 진정한 인간재목들로 성장하기를 그토록 원하신 것이다.

우리 삶의 모든 것에 주인 되신 주님께 진정한 찬양과 경배를 올린다.

그리고 날마다의 날들이 오직 주님만을 바라보며, 주님만을 기쁘시게 해드리는 신실된 주님의 종으로 살아가기를 다시금 다짐해 보았다.

나는 알곡인가 쭉정이인가?

얼마 전, 교수님들과 지역의 불우시설들을 돌았다.

들판은 황금빛 물결로 익은 곡식들이 고개를 숙이고 있었다.

감동 속에 고개 숙인 곡식들을 한없이 바라보았다.

그리고 알곡과 가라지의 성경 말씀을 기억하였다.

우리는 익은 곡식처럼 성숙한 인격과 삶을 살기를 원한다.

알곡처럼 겸손히 낮아지며 자기를 부인하고 하나님과 사람을 섬기며 살기를 소원한다.

왜냐하면, 하나님은 겸손한 자를 가까이하시며 교만한 자를 물리치시기 때문이다.

하지만 살면서 느끼는 것은 겸손하기가 무척이나 어렵다는 것이다.

우리 민족은 목표를 향해 열심히 달려가는 부지런하고 목표 지향적인 민족이다.

때문에 우리는 한강의 기적과 함께 놀라운 성장을 이룩하고 있다.

그 성장에는 교회의 수적 · 양적인 놀라운 성장이 포함되어 있으며 실로 세계적인 교회들이 우리나라에는 무척 많다고 하겠다.

하지만 그 높은 성과가 우리의 마음을 때로는 겸손에서 멀어지게 하고 있으며 하나님의 마음과는 다르게 살아가게 하곤 한다.

교회 내에도 외적인 성과 위주의 사상이 깊고 강하게 뿌리를 내리고 있다.

겸손히 낮아져 서로의 발을 닦아주는 주님의 명령과 마음보다는 서로가 높아지고 서로가 최고가 되려는 자기숭배 정신이 팽배하고 있다.

이것은 커다란 위험이다.

우리 이제 외관적 성장으로부터 초월할 필요가 있다.

우리는 다만 광야에서 외치는 자의 소리이고 주님 손에 들려진 연장일 뿐이다.

교회의 주인은 오직 하나님이시며 영광받을 분도 하나님이시다.

교회의 성장과 성숙은 오직 우리를 쓰시는 하나님의 은혜일 뿐이다.

이 시간 우리는 자신의 인격의 무게를 달아 보며 삶을 재조명해야 한다.

추수의 시간이 벌써 지난 것처럼 하나님 나라의 심판도 이미 시작되었다.

나는 겸손한가?

나는 알곡인가?

나는 절대로 머리 숙이지 않는 쭉정이는 아닌가?

우리 이제 교만의 유혹으로부터 자신을 비우며 은혜 안에 겸손히 하늘을 우러르자.

당신은 알곡으로 반드시 인정받아야 하며 그 길만이 천국 창고에 쌓일 수 있는 유일한 생명의 길이기 때문이다.

믿음의 삶

매년 명절 전후하여 우리는 지역의 시설들을 방문한다.

어제는 교수님들과 함께 장애인 시설과 정신요양원 등 몇 곳을 방문했다.

우리를 반기는 저들의 모습이 간절했고 따스했다.

그분들 중에는 원망과 그리움의 눈물을 흘리시는 분도 계셨다.

왜 이제야 왔느냐는 뼈아픈 질문과 함께…….

그동안 학교는 이 일 저 일로 무척 바빴다.

그러나 사람을 그리워하는 저들에게 그것은 이유가 되지 않았다.

나는 변명의 말을 찾을 수 없어서 그 대신 가슴에 그분을 꼭 안아드렸다.

그랬더니 또 눈물을 흘리고 계셨다.

인제 보니 그 아픈 원망의 소리는 주님의 음성이셨던 것 같다.

우리는 함께 찬양을 부르면서 복음과 함께 가슴에 사랑을 전했다.

모두가 무척 기뻐했다.

다리가 불편한 소년들도, 그리고 언어가 불편한 소녀들도 함께 일어서서 기쁘게 몸을 흔들면서 찬양에 찬양을 거듭하였다.

행복이 물결쳤다.

작은 천국이 이곳에 임하고 있었다.

저들을 방문했던 우리는 그들의 순수한 사랑과 믿음 속에 오히려 더 큰 감동을 느끼면서 시설의 문을 나서게 되었다.

그렇다.

몸은 불편해도 주님을 순수하게 사랑하는 저들을 주님은 기뻐하셨고, 찬양과 사랑으로 하나 됨 속에 천국의 빛줄기가 우리 모두 위에 비추이고 있었다.

주님은 말씀하신다.

"나더러 주여, 주여 하는 자마다 천국에 들어갈 것이 아니라, 오직 하나님 아버지의 뜻대로 행하는 자라야 들어갈 것이다"라고.

나는 오늘 저들을 통해 삶의 가스펠을 말씀해 주신 하나님께 감사드리며, 오직 행함이 있는 믿음의 삶으로 날마다 살아가기를 다짐하게 되었다.

그런데 당신은 어떠한가?

당신은 복음을 실천하는 자인가, 아니면 아직도 머리로만 사랑을 알고 있는 자는 아닌가?

이 시간 우리 자신을 진솔하게 돌아보자.

그리고 새롭게 다시 믿음의 이 길을 걸어가기로 하자.

사랑과 순종의 믿음의 이 길을…….

지성의 열매

지성의 열매, 가을 학술제가 열렸다.

모든 학생은 그동안 배웠던 지식을 아름다운 열매로써 발표, 전시하였다.

교수와 학생이 하나 되어 장식한 학술제는 깊은 감동을 자아내었다.

학생 한 사람 한 사람 너무나 소중하고 사랑스러웠다.

학술제 기간 내내 우리는 깊은 감동 속에 기쁘고 행복하였다.

학교가 살면 미래가 살고 우리의 사회가 다시 살아날 수 있다.

여기에는 지적인 열매, 인격적인 사랑의 열매, 그리고 영혼을 위한 생명의 열매가 필요하다.

우리 학교는 학생의 지성, 덕성, 영성의 성숙을 중요시한다.

특별히 이 시대가 요구하는 지성의 열매가 있고 인성과 덕성을 위한 금요봉사 프로그램이 있다.

그리고 영성을 위한 목요채플과 외국인을 위한 국제 금요채플이 있다.

학생들은 우리의 미래이며 사랑이고 하나님 나라의 소중한 꿈나무이다.

학생들에게 하나님의 사랑을 느끼게 해주고 싶어 지나가는 학생들을 만날 때마다 안아 주거나 머리를 쓰다듬어 주기도 한다.

이러한 바람이 전해져서인지 학생들은 곧잘 안기며 품 안에서 행복해한다.

이 세상을 치료하는 진정한 길은 사랑뿐이다.

때문에 우리는 사랑으로 교육하며 사랑으로 안아 주고, 사랑으로 함께 웃고 울면서 진리를 외치곤 한다.

하나님은 이 같은 우리의 마음을 아시고 세계의 젊은이들을 계속 맡겨 주고 계신다.

대학의 교수님들은 외국 학생들의 양부모가 되어서 금요일마다 함께 만나 사랑 가운데 저들을 돌보아 주신다.

그 모습이 늘 눈물겹다.

존경받기보다는 학생 한 사람 한 사람을 존귀히 여기며, 사랑받기보다는 사랑한다고 늘 고백하는 그 스승의 마음과 입술이 너무나 아름답고 감사하기에 언제나 마음으로 깊은 감동을 느끼곤 한다.

가을 하늘이 무척 푸르르다.

우리 학생들의 미래가 더 맑고 더 푸르러지기를 소망하면서 지성의 열매 가을 학술제는 깊은 감동 속에 막을 내렸다.

그러나 우리들의 지성의 탐구와 생명을 위한 섬김의 자세는 하나님 안에서 오늘도 내일도 계속되리라.

사랑으로 세상을 변화시키기를 소망해 보면서 다음 학술제를 기대해 본다.

젊은 인재, 다니엘

민족의 영웅 다니엘, 그는 하나님의 사람일 뿐 아니라 실로 유다민족의 영웅이었다.

그의 이름의 의미는 '하나님은 심판자이시다'의 뜻이다.

그의 아버지는 폐망해 가는 나라를 보면서 죄의 심각성을 깨닫고 그의 아들에게 고결한 삶을 소망하며 다니엘이라는 이름을 지어 주었던 것이다.

우리는 매주일 열방예배를 드리면서 좀 더 나은 믿음의 리더십에 대해 묵상하기를 원한다.

이번 주일의 주제는 젊은 청년, 다니엘이었다.

다니엘!

그는 느브가넷살의 1차 침공 때 바빌론 포로로 끌려간 유다의 젊은이였다.

그는 그곳에서 왕의 포용정책에서 바빌로니아의 언어와 학문, 체력에 대한 시험을 치르게 된다.

하지만 그는 말씀에 위배되는 부정한 것으로 자신을 더럽히기를 거절한 거룩의 청년이었다.

그러한 다니엘을 하나님은 기뻐하시며 포로로 갔던 당대 세계 대제국이었던 바빌론 나라에서 최고의 재상이 되는 자리로 존귀함을 더해 주셨다.

그는 이 높은 지위 속에서 하나님의 빛을 온 세계에 나타냈으며 그 영향력 속에 쓰러졌던 유대인들에게 용기를 주었다.

다니엘은 거룩의 사람이며 기도의 인물이며 하나님과 민족을 위하여 학문에 전념했던 애국애족의 인물이었다.

다니엘은 또한 절대적으로 말씀에 순종하는 하나님의 사람이었다.

그는 하나님의 말씀에 순종함을 생명처럼 여기었고 그것이 그의 거룩이었으며, 그것이 하나님의 은혜를 갖고 오는 원동력이 된 것이다.

우리 세대는 점점 더 어두워져 간다.

하나님은 이 세대 속에서 젊은 인재 다니엘을 그리워하시며 찾고 계신다.

우리 대학은 하나님을 공경하는 대학이다.

부디 학생들이 말씀에 순종하고 하나님을 경외함으로써 다니엘 같은 거룩한 시대의 촛불들이 많이 배출되기를 소원한다.

우리는 앞으로도 계속 믿음의 선조들을 공부할 것이다.

따라서 시대가 요구하는 참 리더의 형상이 그 묵상 속에서 재발견되며, 그 살아 있는 믿음의 형상이 우리 대학과 젊은이 사이에서 접목되기를 소원한다.

깊어가는 가을밤, 믿음의 젊은이 다니엘을 그리워하면서 시대의 영웅, 민족의 불빛, 믿음의 사람을 마음으로 더듬어본다.

그리고 나와 당신의 삶이 다니엘처럼 거룩하고 고결할 수 있기를 소원해 본다.

가을 나무야 너를 사랑한다

교정의 은행나무가 노란 색깔로 변했다.

눈을 들어 산을 바라보니 형형색색 단풍 든 모습들이 너무나 아름답다.

얼마 전까지는 푸른 녹색뿐이었는데 이제 그 나무들은 붉고 노란 색으로 변하여 마지막 가을의 축제를 하는 것 같다.

나무들은 찬바람 불어 그 잎이 모두 떨어지기 전에 가장 아름다운 자신의 모습을 아낌없이 세상에 선물하고 싶은 듯하다.

이것은 자연이 우리에게 주는 놀라운 선물이며 사랑이다.

그 잎들은 우리네 인생처럼 2008년을 우리 곁에서 봄, 여름, 가을을 지내왔다.

그리고 겨울이 되면 그 잎이 떨어져 자연의 거름으로 변할 것이다.

교정의 나무들이 봄철 새움이 텄을 때는 연초록빛이었는데 이제 가을이 되니 그 잎들은 깊고 우아한 색으로 변하여 온 교정을 물들이며 마음의 감동을 자아내고 있다.

하지만 저들은 얼마 후면 모두 떨어져 흙으로 돌아가게 될 것이다.

우리 이제 참으로 잘 살아야겠다.

이 땅에 아무도 자기 수명을 마음대로 연장할 수 없듯이 저 나뭇잎들은 그러한 우리의 삶을 이야기하고 있다.

우리는 지금 인생의 어느 시기에 와 있을까?

봄, 여름, 가을, 겨울…….

시기마다 해야 할 일들과 각각의 아름다움과 향기가 있을 것이다.

그러나 후회하지 않기 위해서는 하나님 안에서 날마다 성실하고 진실하게 순종하며 살아야 할 것이다

그래야 우리의 인생의 가을이 올 때 후회하지 않을 것이다.

우리의 모든 삶을 아름다운 잎과 열매로 세상에 드리면서 말없이 세상을 떠날 수 있게 될 것이다.

그리고 이 땅에서는 멀리, 하지만 주님과는 함께 영원한 곳에서 평안과 기쁨의 안식을 누리게 될 것이다.

가을이 아름다운 것은 마지막 한 잎까지 사랑으로 자신의 모든 것을 선물하는 저 나무들이 우리 곁에 있어서인 것 같다.

그리고 그것은 또한 우리를 향한 하나님의 사랑이리라.

가을을 사랑한다.

그리고 나무와 그 나뭇잎 하나하나를 사랑한다.

그것이 바로 나를 사랑하는 길이리라.

그리고 그것이 바로 우리네 인생이리라.

새로워지자!

지하의 한 작은 개척교회를 방문했다.

예배는 생명력이 넘쳤고 주님의 임재와 영광이 가득하였다.

모두들 온몸과 정성으로 찬양을 드리며 뜨거운 영혼의 기도를 올리고 있었다.

잠시 후 목사님의 설교 말씀이 있었다.

목사님은 정말 순수했다.

그 순수함 속에서 하나님의 말씀이 주옥처럼 흘러내렸다.

모두 시간 가는 줄 모르고 영혼의 양식을 아멘으로 삼키고 있었다.

촉촉한 은혜의 단비가 모든 영혼 위에 아름답게 내리고 있었다.

그러기에 그들의 눈동자는 소망 속에 반짝이었다.

놀라웠다.

살아 있는 예배, 은혜와 성령이 충만한 예배가 흔치 않은 요즈음이기 때문이다.

현대교회가 대도시 속에서 많이 대형화되고 있다.

그러나 예배 속에서 넘치는 은혜와 성령의 물결은 찾아보기가 쉽지 않다.

하지만 이 작은 지하의 개척교회에서 하나님은 뜨겁게 역사하고 계셨다.

순결한, 그리고 하나님을 사랑하는 준비된 하나님의 사람으로 인하여 하늘의 만나가 모두 위에 넉넉히 내리고 있었고, 하나님은 예배 속에서 영광받고 계셨다.

나는 나 자신을 바라보게 되었고 깊은 반성을 하게 되었다.

목사안수 받은 지는 이미 오래되었지만, 주님에 대한 나의 사랑과 헌신은 많이 퇴색되었음이 느껴졌기 때문이다.

그러나 이제라도 다시 일어서야겠다.

주님을 뜨겁게 사랑했던 그 시절로 오직 말씀, 오직 예수로 살고자 노력했던 그 시절 그 초심으로 돌아가고자 한다.

그 길만이 나에게 맡겨진 양떼들이 살 수 있는 길이며, 하나님의 영광이 우리를 통해 나타날 수 있는 유일한 길이기 때문이다.

당신은 어떠한가?

당신의 양떼는 당신의 입술과 삶을 통해 하늘의 풍족한 만나를 받아먹고 살고 있는가?

주님은 곧 오실 것이다.

그리고 우리 각자를 평가하실 것이다.

주님 앞에 떳떳이 서고 주님께 기쁨을 드리기 위하여 우리 이제 다시 새로워질 필요가 반드시 있는 것이다.

당신은 해바라기 꽃인가, 썩은 꽃인가?

며칠 전 모 교단 지도자들의 심각한 갈등과 분열이 기사화되었다.

이 기사를 접하면서 가슴에 큰 아픔을 느꼈다.

주님은 얼마나 더 아프실까?

그리고 세상은 얼마나 우리를 비웃을까?

부끄러운 아픔 가운데서 불현듯 해바라기 꽃이 생각났다.

해바라기는 해를 무척 사랑하는 꽃이다.

그래서 하루 종일 해에게서 그 시선을 돌리지 않는다.

아침이 될 때마다 해를 기다려, 동쪽에서 서쪽으로 해와 같이 그 얼굴을 움직여 간다.

그러다 보니 해바라기는 해를 가장 닮은 모습이다.

또한, 해바라기는 해에게 더욱 가까이 가고 싶어서 꽃 중에 키가 가장 크게 자라나곤 한다.

그런데 해바라기만 해를 사랑하는 것이 아니라 해도 해바라기를 너무나 사랑한다.

해바라기가 아침마다 해를 기다리듯이 해도 해바라기를 기다린다.

그리고 해와 해바라기가 서로 바라보는 가운데 어느덧 해바라기는 생명의 열매를 그 얼굴에 맺곤 한다.

영근 해바라기 씨는 모두에게 사랑받는, 순결한 기름으로 변하게 된다.

우리는 아침부터 저녁까지 하나님만을 바라보기를 원한다.

그리고 해가 해바라기를 기뻐하며 기다리듯이 하나님도 우리를 사랑하시며 기다리신다.

그런데 해바라기는 해만을 바라보지만 우리는 세상의 명예와 권력을 곁눈질할 때가 너무나 많다.

해는 해바라기를 보고 기뻐하지만, 하나님은 우리 때문에 아파하시고 슬퍼하신다.

해바라기는 올해도 순결한 기름을 세상에 선물하지만, 감투 좋아하는 우리는 썩은 내 나는 악취를 세상에 풍기곤 한다.

해바라기는 날마다 해에게 가까이 가곤 하지만 우리는 하나님에게서 더 멀리 욕심과 유혹에 두 발을 담그곤 한다.

그러나 해바라기는 회개를 모르고 살고 있지만 우리는 회개 속에 주님을 배우면서 소망 속에 다시 한 번 일어서곤 한다.

자연을 통하여 말씀하시는 하나님은 오늘도 우리가 분열된 교회의 아픔들을 겸손과 섬김의 기름으로 치유시키고 오직 주님만을 바라보기를 원하신다.

그런데 당신은 해바라기 꽃인가 아니면 악취 나는 썩은 꽃인가?

알 곡

하나님에 의한 하나님을 위한 하나님의 소중한 사람, 그러한 분이 우리 대학에 교수님으로 초빙되었다.

엊그제 그분과 식사를 같이 하는 자리에서 우리는 많은 대화를 나누었다.

그분은 학생들을 너무나 사랑하셨기에 가장 좋은 빵과 아이스크림을 잔뜩 들고서 수업에 들어오신다.

학생들 이름 한 사람 한 사람 불러 주시며 저들에게 꿈과 비전과 소망을 심어 주신다.

사회에서도 상당히 인정받고 존경받는 그 교수님은 학생들을 위하여 자신이 이루어놓은 모든 것들이 학생들의 거름으로 쓰이기를 간절히 원하셨다.

자신의 이름과 자신의 스튜디오와 자신의 인맥 등 자신의 모든 것을 학생들을 위하여 아낌없이 마음으로 내어 주셨다.

제자들이 교수님을 방문할 때면 저들에게 차비와 용돈을 챙겨 주시면서 사랑과 헌신의 삶을 몸으로 실천해 주셨다.

나는 그분의 제자 사랑에 너무나 감동되어서 식사를 제대로 할 수 없었다.

마음이 감동으로 가득 차서 목이 멨고 입술에는 감사와 찬양이 흘러나왔다.

이 세상에 필요한 것은 사랑이다.

그중에 제자를 아낌없이 사랑하는 진정한 스승의 모습이 절실히 필요한 때이다.

그리고 그 모델은 우리 주님이시다.

주님은 삶에 허덕이고 갈급해 하는 우리를 먹이시고 인도하셨다.

병자 한 사람 한 사람에게 사랑의 손을 대시며 치료해 주셨고, 한 사람 한 사람 이름을 불러 가며 영원한 생명수 강가로 인도해 주시는 선한 스승의 모범이셨다.

가을이 깊어간다.

오곡백과가 익어가는 이때 진정 아름다운 인격의 열매를 탐해 본다.

그리고 이 성스러운 인격의 열매를 위해 이토록 애써 주고 이끌어 주시는 하나님의 사람 귀한 동역자 교수님이 곁에 계심에 깊이 감사드린다.

앞으로도 이러한 고귀한 스승들이 많이 나타나서서 생명과 진리의 길로 제자들을 인도해 주시기를 원한다.

또한, 주님의 천국 곳간에 생명의 알곡들이 차곡차곡 쌓이기를 원한다.

그런데 이 가을 당신이 내놓을 아름다운 열매는 과연 무엇인가?

조용히 책상에 앉아 자신을 돌아보며 곰곰이 생각에 잠겨 본다.

보석 같은 나의 제자들

드보라와 엘리사벳

보석 같은 두 제자에게 붙여준 성경의 이름이다.

이 세상에 만남만큼 소중한 것은 없다.

그중에서도 사제지간의 만남은 더욱더 존귀하고 특별하다.

나는 그런 의미 속에 가장 행복한 만남을 가진, 감사해야 할 교육자라는 생각이 든다.

우리 대학에는 나이 많은 학생들이 많이 있다.

그중에 드보라와 엘리사벳은 내 마음속에 있는 특별한 제자이다.

저들은 배움에서도 봉사에서도 그리고 스승을 존경함에서도 가히 감동적이다.

덕분에 반 전체가 이분들의 선한 영향력 속에서 행복한 수업과 행복한 대학의 삶을 가꾸어 가고 있다.

저들의 학과는 양질의 교육과 함께 헌신적인 봉사활동을 하고 있다.

저들은 봉사시간마다 만나는 사람 사람들에게 특별한 정성과 사랑을 기울인다.

덕분에 우리 대학은 은혜 속에서 계속된 성장을 하고 있다.

또한, 이 두 분은 하나님에 대한 사랑과 영혼 구원에 대한 열정이 특별하다.

때문에 주님을 알지 못하는 학생들을 위하여 자신의 모든 것을 바쳐 복음을 사랑 속에 증거하고 있다.

그 모습을 지켜보는 나의 마음은 매번 뭉클한 느낌을 가진다.

진실로 깊은 감동 속에 오히려 나 자신이 부끄러울 때가 많이 있다.

하나님 사랑과 사람 사랑에 대한 실천을 위하여, 나이에도 불구하고 배움과 봉사 속에 모든 것을 바치는 저들의 모습이, 보는 나의 마음에 눈물을 갖게 한다.

그리고 극진한 저들을 위해서도 나는 좀 더 나은 교육자가 되어야 한다는 깊은 다짐을 하게 되었다.

부디 앞으로도 이와 같은 제자들을 통하여 영혼에 대한 하나님의 사랑이 캠퍼스 깊이 뿌리박히길 원하며 저들의 삶이 하나님의 온전한 기쁨과 영광이 되기를 원한다.

영원한 나의 사랑, 보석 같은 나의 드보라와 엘리사벳을 보내주신 하나님께 감사를 드린다.

그리고 그날의 영원한 상급과 찬란한 면류관이 저들을 기다리고 있음을 나는 확신한다.

그날을 바라보면서 보석 같은 나의 제자들에게 영원한 사랑과 그리고 존경을 올린다.

삶의 열매

열매의 계절, 식탁의 과일이 풍성하다.

포도를 씻어 가족에게 내어 놓으며 포도송이가 무척 아름답다고 느꼈다.

포도 한 알을 입속에 넣으며 생각에 잠겼다.

포도나무는 성경에 많이 등장하는 친숙한 나무이다.

주님은 자신을 포도나무에 비유하고 계시며 하나님 아버지는 농부이고 우리는 포도가지라고 말씀하신다.

그리고 가지가 나무에 붙어 있을 때에야 많은 열매를 맺으며 나무에서 분리될 때에는 가지에서 말라 잘리고 만다고 말씀하신다.

또한, "네가 내 안에 내가 네 안에 있을 때 무엇이든지 원하는 것을 구하라. 그리하면 주시리라"고 약속하고 계신다.

포도나무는 혼자서 설 수가 없다. 그 나무는 지지대가 필요하다.

지지대에 긴 라인을 만들어 놓고 포도가지들이 그 라인을 따라가며 몸을 지탱하고 있다.

그리고 그 라인을 따라서 가지가 뻗어 열매가 맺히고 있다.

나는, 우리가 혼자서는 설 수 없음을 고백한다.

우리에게는 지지대가 필요하고 따라갈 라인이 필요하다.

이 지지대는 하나님이시며 라인은 하나님 말씀이라 말하고 싶다.

하나님은 말씀에 따라 우리가 살아가기를 원하며 늘 말씀에 순종할 때 우리는 포도열매처럼 그 가지에서 생명의 아름다운 열매가 주렁주렁 맺힐 수 있다.

포도가지는 포도나무에서 수분과 양분을 깊이 빨아들이며 날마다 날마다 생명의 생기를 섭취한다.

이 즙액은 예수 안에 있는 하나님의 사랑의 생수일 것이다.

또한, 포도 열매의 가치는 그 당도에서 나타난다고 하였다.

따라서 그 당도를 위하여 포도나무 밑에는 많은 잡초와 장애물이 있는 것을 우린 보곤 한다. 즉, 고난이 성도의 삶에 당도를 더할 수 있다는 것이다.

포도열매는 진실로 주님과 우리의 관계를 보여주는 아름다운 신실된 믿음의 과일이라고 말하고 싶다.

오늘 식탁에 아름다운 포도송이를 보면서 나는 과연 어떠한 삶의 열매로 주님을 기쁘게 해드리며 살고 있는지 다시금 생각하게 되었다.

그리고 그 열매의 비결이 오직 주님 안에, 말씀 안에 하나 됨을 다시금 깨달아 보며 예수 안에서 나의 아이덴티티를 더욱 확인하게 되었다.

그런데 당신의 삶의 열매는 어떠한가?

진한 향기의 아름답고 향긋한 생명의 열매가 당신과 나의 삶 속에서 주렁주렁 열리기를 이 시간 다시금 기원해 본다.

아름다운 리더십

얼마 전, 세상의 주목 속에 미국의 대선이 끝났다.

민주당 후보 버락 오바마가 압도적인 표로 당선되었다.

미국의 모습이 변해야 한다는 일관성 있는 오바마의 슬로건은 전쟁과 경제 폭락으로 그 위상이 상실된 미국인의 큰 소망을 반영하고 있다.

부디 그들의 기대처럼 미국이 세계에 아름다운 영향력을 끼치는 44대 대통령이 되기를 기대해 본다.

그러나 하나님은 공의와 사랑으로 백성들을 인도하며 그들의 성숙한 리더가 될 자를 기다리신다.

누가 다윗이 되어 백성의 마음을 하나님께로 인도할 것인가?

그것이 우리 모든 지도자의 숙제인 것이다.

예수님은 세상을 떠나시기 전에 한 가지 일을 실행하셨다.

그것은 식사 도중에 일어나 겉옷을 벗고 제자들의 발을 씻겨 주시는 것이었다.

그리고 그들에게 서로를 사랑하며 서로의 발을 씻겨 줄 것을 당부하셨다.

이것이 이 시대의 지도자가 갖추어야 할 필요한 리더십인 것이다.

백성들은 육신과 영혼의 배가 고프며 우리들의 발은 흙과 먼지로 더럽혀져 있다.

리더는 권력의 겉옷을 벗고 겸손히 백성의 발까지 내려앉아 먼지로 더럽혀진 그곳을 씻겨주어야 한다.

리더는 거룩한 눈과 백성의 발 앞에까지 앉는 그 겸손함이 필요하다.

그리고 부모가 사랑으로 씻겨 주듯 백성의 발을 씻겨 주어야 한다.

그럴 때 백성은 행복해하며 서로를 섬기게 되고 또한 회복될 수 있기 때문이다.

그리고 그들은 그 리더로부터 상대를 섬기는 거룩한 정신을 배울 수 있게 될 것이다.

대통령이 되면 무척 바쁠 것이다.

그러나 가장 큰 적은 바로 그 바쁨이다.

스스로 시간을 내어서 백성의 허기짐과 아픔을 헤아려 보는 마음과 진리의 말씀을 묵상하는 자신만의 시간이 절대적으로 필요하다.

부디 투명한 인격과 신앙과 삶이 조화되는 원숙한 리더이기를 소망해 보며 하나님의 축복을 빌어 본다.

천사의 찬양

이곳은 특별한 질병으로 인해 몸이 불편하고 어려운 분들이 살고 계시는 양로원이다.

우리는 간식들을 싣고서 이곳을 방문했다.

이미 십 년이 훨씬 넘은 탓인지 저들의 얼굴은 마치 가족을 보듯 우리를 반겨주신다.

그러나 그중에는 보이지 않는, 보고 싶은 얼굴들이 많이 있다.

아마 질병으로 인하여 이 세상을 떠나신 것 같다.

우리는 가지고 온 빵과 간식을 나누어 드리면서 둥글게 모여앉아 찬양을 부르기 시작했다.

한 곡 또 한 곡 그리고 또 한 곡…….

저들의 뜨거운 찬양 소리에 벌써 몇 곡째 우리는 함께 찬송을 부르고 있었다.

저들은 몸은 연약하지만, 마음은 믿음에 우뚝 선 신앙의 승리자들이다.

그러기에 저들의 찬송은 이 세상에서 가장 감동적인 찬송 소리로 들려졌다.

저들은 육의 몸은 비록 나병으로 변형되었지만, 마음만큼은 오직 주님 사랑으로, 천국 소망으로 불타고 있었다.

또한, 영혼의 간절한 소망의 간구가 찬송 속에서 피처럼 붉고 진하게 그리고 뜨겁게 느껴졌다.

나는 어떤 성악가의 아름다운 노래보다도 저들의 찬양을 사랑한다.

그리고 하나님께서도 저들의 간절하고 뜨거운 찬양에 깊은 감동을 받으시리라는 확신이 들었다.

일편단심 주님만을 바라보며 찬양하는 그 모습에서 나는 천사의 모습을 느끼게 되었다.

우리는 성령 안에서 점점 뜨겁게, 뜨겁게 하나가 되어 가고 있었다.

나는 저들을 사랑한다.

저들의 믿음과 저들의 찬양과 그리고 저들의 뜨거운 천국의 소망을 사랑한다.

그리고 나는 저들을 기뻐한다.

왜냐하면, 우리는 사랑 안에서 이미 한가족이 되어 있었기에.

우리는 서로를 꼭 안아 주면서 아쉬움 속에 작별의 손을 흔들고 있었다.

그리고 마음속으로 계속 되뇌고 있었다.

"주님! 저들을 사랑해요. 주님! 저들을 늘 기억해 주시고 연약한 저들의 영원한 사랑이 되어 주세요"라고.

낮은 자의 녹아짐의 운동

며칠 전 열방예배에서 존경하는 교수님이 강단에 서셨다.

그분은 온몸과 마음을 다해 말씀을 증거하셨다.

말씀의 요지는 "겸손하라, 기도하라, 주님만 바라보아라, 그리고 거룩하라"의 떰으로 가슴을 강타해 가셨다.

우리는 숨을 죽이고 귀를 기울이고 있었다.

주님은 나를 강하게 만나 주시면서 "네가 더 많이 녹아진다면 그만큼 더 많이 내가 보이고 나타날 수 있을 텐데……"라고 마음에 말씀하셨다.

주님을 막는 적은 바로 나 자신이었음을 깨닫고, 가슴이 무척 아파왔다.

이곳에 앉아 있는 우리가 더 많이 녹아진다면 더 많은 학생이 주님의 모습과 주님의 향기를 느낄 수 있을 것이다.

가슴이 메어진 나는 설교 직후 은혜의 시간에 앞으로 나아갔다.

그리고 주님의 모습을 가로막는 적은 바로 나의 교만한 모습이었음을 고백하면서 용서를 구했다.

그리고 우리는 눈물 속에 함께 기도했다.

"주님, 더 낮아지고 더 깨어지게 하소서……."

세상의 빛과 소금으로 불러 주신 이 귀한 소명이 녹지 않았기에 빛이 비추어지지 못했음을 아프게 고백하면서 우리는 눈물로 간구하였다.

울먹이는 가운데 찬송도 그리고 축도도 그렇게 진행되었다.

하지만 정직한 고백과 눈물의 참회 속에서 우리는 하늘의 깊은 평화와 은혜를 모두 체험하게 되었다.

새로 믿은 많은 교직원과 학생들이 이 예배 속에서 함께 겸손히 자신들을 바라보게 되었고 진실한 믿음은 겸손과 회개와 은혜 속에 움틈을 깨닫게 되었다.

나의 나 된 것은 다 하나님의 은혜이다.

이 농촌 황폐한 땅에 복음을 위하여 학교를 세우시고 이제 우리에게 주일날까지 열방예배를 허락해 주신 좋으신 하나님께 온전히 기쁨을 드리기를 원한다.

나로부터 시작되는 그 낮아짐과 거룩의 운동이 주님의 사랑을 온 세상에 전하기 위하여 날마다 더욱더 낮아지고 더욱더 녹아지기를 원한다.

그 길만이 학생들과 그리고 온 세상에 주님의 사랑의 모습을 나타낼 수 있는 참된 생명의 길이기 때문이다.

세상을 향해 주님의 십자가 우리도 달게 지고 날마다 자신을 부인하며 십자가 따라가는 이 낮은 자의 녹아짐의 운동을 …….

그런데 당신은 이 일에 동참하기를 원하는가?

천국의 찬양

며칠 전 교수님들과 함께 지역의 시설들을 방문했다.

음성 나환자 환우들이 계시는 곳.

그곳에는 연약한 많은 어머님과 아버님들이 계셨다.

우리는 반갑게 인사를 드린 후 함께 찬양과 경배의 시간을 가졌다.

놀라운 것은 쇠약한 몸임에도 불구하고 날이 갈수록 저들의 믿음과 찬양이 더욱 뜨거워진다는 것이다.

'이 몸의 소망 무엔가'를 부를 때 세상에서 제일 감동적인 목소리, 아름다운 찬양이라는 생각에 가슴이 뭉클했다.

"지금까지 지내온 것 주의 크신 은혜라……."

"몸도 맘도 연약하나 새 힘 받아 살았네."

구구절절이 온몸과 영혼에서 울려 퍼지는 찬양의 소리가 내 영혼을 맑게 해주는 것 같았다.

그렇다. 저들은 겉으로 보기에는 심히 가난하고 병들고 연약하지만, 믿음의 찬양을 그토록 뜨겁게 부르고 있는 한 저들은 영혼의 영원한 승리자이다.

예수님이 나타나실 때에는 저들은 빛나는 면류관을 머리에 쓰고서 승리자의 반열에 설 것이다.

하지만 겉으로 부유하고 건강해 보이는 우리는 사실상 속은 썩은 것이 가득한 회칠한 무덤과 같을 때가 심히 많다.

오케스트라의 화려한 성가대를 자랑하는 교회라 할지라도 주님을 위한 찬양보다는 자기 스스로를 만족키 위한 노래로 그칠 때가 많이 있다.

주님은 지극히 소박하셨고 또한 우리 각자의 중심을 꿰뚫어 보고 계신다.

오늘도 주님은 우리의 몸과 영혼을 다한 진실한 찬양과 경배를 받으셔야 하며 또한 받으시길 원하신다.

그런데 이러한 연약한 곳에서 나는 주님이 기뻐하시는 아름다운 찬양과 예배를 본 것이다.

저들이 찬송을 부를 때에 천국과 지상이 하나가 되고 천국의 사닥다리 위에서 천사들이 금향로를 들고 찬송의 하프를 뜯으며 오르락내리락하였음을 믿음의 눈으로 보게 된다.

부디 앞으로 저들의 삶도 지금처럼 영원히 주님의 위로와 사랑 속에 뜨거운 찬양으로 세상을 이기기를 원한다.

잠시 사랑 가운데 방문한 우리지만 우리는 주님 안에서 한가족임을 느낀다.

그리고 위문을 온 우리가 오히려 신앙의 큰 도전을 받으며 주님 안에서 더욱 새로워지기를 결심하게 되었다. 그리고 날마다 우리 입술에서 신령과 진정으로 찬양과 경배를 올리기를 소원해 본다.

영혼의 생수

집 앞에 감나무 잎이 떨어졌다.

그 빛깔이 너무 예뻐서 책 속에 넣었다.

그런데 오늘 아침 그 잎을 보았을 때 온통 누렇게 색이 바랬다.

더 이상 갖고 싶지 않아 흙으로 돌려보냈다.

그리고 그 이유를 생각해 보았다.

물기가 떨어진 감 잎사귀는 생명의 빛과 색깔을 잃어버린 것이다.

어린아이가 태어났을 때 90%가 물이라고 한다.

그 후에 청소년기에는 80%의 물이고 장년기에는 70%의 물로 점점 줄어든다.

그러다가 노년기에는 60%를 향하게 된다고 한다.

그것은 우리 몸이 노화와 죽음으로 향하는 징조이다.

때문에 건강하기 위해서는 늘 우리 몸속에 충분한 물을 공급해 주어야 한다.

이것이 건강의 비결이며 필요한 습관이다.

이것은 우리의 영혼에도 동일하게 생각할 수 있다.

물이 육체의 생명에 절대적이듯 우리 영혼의 생명수는 오직 성령님과 하나님의 말씀이시다.

따라서 우리 영혼이 건강하고 아름답기 위해서는 말씀의 물을 먹어야 하며 날마다 말씀의 물에 잠겨서 살아야 한다.

그리할 때 생명수는 우리 영혼의 발목에서 허리로 또 머리끝까지 잠기게 될 것이다.

그리고 성령의 충만 속에 우리의 삶은 아름다운 빛으로 하나님께 영광을 돌릴 수 있게 될 것이다.

단풍 든 감나무 잎이 나무에서 떨어지고 물기가 빠져 생명의 빛을 잃어버리듯 우리의 삶도 말씀의 물기가 줄어들 때 빛바랜 낙엽처럼 추하게 사그라질 뿐이다.

우리는 "옛사람은 후패하나 우리의 속사람은 날로 새롭도다(고후 4 : 16)"라고 외치던 바울의 간증처럼 말씀 안에서 날로 새로워지기를 소망한다.

우리가 날마다 하나님의 말씀을 먹고 말씀의 물에 잠겨서 살아간다면 우리는 언제나 순수 속에서 놀라운 영혼의 젊음과 생명의 향기를 발할 수 있을 것이다.

그런데 당신은 날마다 말씀 속에서 살아가는가?

그리고 당신의 영혼의 생수는 과연 몇 %인가?

우 정

나에게는 늘 함께하는 귀한 분이 계십니다.

그분의 눈동자는 주님의 사랑과 지혜로 반짝입니다.

그분의 입술은 기도 속에 간절히 움직입니다.

우정은 사랑입니다. 그리고 함께 나눔입니다.

우리는 예수님 안에서 눈물과 기쁨을 같이하며 인생을 함께 걸어갑니다.

다윗과 요나단처럼 그리고 히스기야와 이사야처럼.

우리는 깊은 우정을 주님 안에서 나누고 있습니다.

하나님이 세우신 지도자는 삶의 모든 면에서 깊은 우정이 더욱더 필요합니다.

그리고 그 우정은 반드시 하나님이 함께하시는 아름답고 성스러운 우정이어야 합니다.

이 우정은 주님 안에서 영원할 것이며, 이 우정은 마르지 않는 샘 같아서 영원의 평화와 기쁨을 갖고 옵니다.

당신은 이 소중한 우정을 갖고 있습니까?

아니라면 주위의 소중하고 존귀한 분을 찾아 당신이 그 우정이 되어 주신다면 좋겠습니다.

우리 대학에는 수많은 스승이 있습니다.

그들은 모두 존귀한 동역자들입니다.

나는 저들에게 좋은 리더이고 싶습니다.

그러나 무엇보다도 나는, 저들에게 진실한 우정이고 싶습니다.

당신이 예수님과의 진정한 교제를 나누며 믿음 안에서 당신 영혼의 샘이 솟아나고 있다면, 하나님은 당신을 통해 깊은 우정의 샘을 주변에 이미 만들고 계시는 중이십니다.

우리 시대는 외롭습니다.

진정한 우정, 영혼이 힘을 얻고 쉴 수 있는 우정이 그리운 시대.

당신은 그 우정이 있습니까?

당신은 그 우정의 삶을 살고 계십니까?

이 시간 주님은 가장 성스러운 질문을 이웃을 위해 우리에게 던지십니다.

그리고 가장 소중한 우정은 주님 자신임을 우리에게 또한 말씀하고 계십니다.

주님은 이 세상에서 당신을 가장 사랑하는 당신의 가장 귀한 우정이십니다.

그리고 주님은 오늘도 당신을 통하여 그분의 깊은 우정을 이 세상에 나누어 주기를 원하십니다.

영원한 우정 그것은 예수님 안에서 서로를 믿어주고 서로를 섬겨주는, 세상을 아름답게 하는 가장 소중한 사랑임을 기억하세요.

지조 있는 믿음의 청년들

뜨거운 풀무 불 앞에서도 굴하지 않는 지조 있는 믿음의 청년들!

이들은 적국의 포로로 끌려갔던 이스라엘의 청년들이다.

적국의 바빌로니아 왕은 견고한 세계제국을 만들려는 야심 속에 종교적 · 정치적 일치를 위한 황금신상을 만든다.

그리고 온갖 악기의 연주에 맞추어 황금신상에 절을 하라는 조서를 내린다.

그것을 거역할 시에는 뜨거운 풀무 불 속에 던져 버리겠다는 공포의 명령과 함께…….

하지만 하나님을 사랑하는 세 젊은이는 이 엄청난 잘못된 죄악의 명령에 순종할 수 없었다.

더욱이 십계명에서 다른 신을 네게 두지 말라, 우상을 만들지 말고 그곳에 절하지 말라고 말씀하지 않았던가!

그 젊은이들은 죽기를 각오하고 신앙의 절개를 지키기로 다짐하였다.

민족을 위해서도 그러한 우상숭배의 죄를 허락할 수는 없었다.

그 결과 그들은 뜨거운 풀무 불 속에 두 손이 묶인 채로 던져진 것이다.

그 순간 얼마나 무섭고 고통스러웠을까?

하지만 하나님은 목숨을 다해 신앙의 지조를 지키는 저들을 위해 천사를 대기시키고 계셨다.

저들이 머리털 하나도 불 속에서 타지 않았고 결박도 풀린 채로 불속을 걸어 다니고 있었음을 우리는 성경을 통해 명백히 알 수 있다.

이것은 놀라운 감동 그 자체이다.

하지만 하나님은 물도 불도 만드셨기에 사실 그 일은 하나님께는 극히 쉬운 일이시다.

그러나 그 당시 바벨론 왕과 모두에게 그 사건은 놀라움과 충격 그 자체인 것이다.

그렇다.

하나님은 죽기를 각오하고 믿음을 지키는 자들을 눈동자처럼 보호하시고 사랑하신다.

그리고 저들을 위하여 놀라운 일들과 역전인생을 준비하셨다.

그 사건 이후 바벨론 왕은 하나님만이 참 신임을 깨닫게 되었고 저들을 더욱 높여 주었다.

그리고 하나님께 영광을 돌리는 조서를 온 세계에 공포하게 되었다.

죽음에도 굴하지 않는 지조 있는 젊은이들의 그 신앙이 온 세계 속에 하나님을 영광스럽게 하였던 것이다.

주님은 오늘도 믿음의 순결과 지조를 지키는 자들을 찾고 계신다.

어떻게 해야 주님을 기쁘시게 하며, 주님께 감동을 드릴 수 있을까, 이것이 우리의 가장 큰 소원이며 또한 과제이다.

오늘도 지조 있는 믿음의 젊은이들을 묵상해 보면서 나의 신앙을 점검하게 되었다.

그리고 나의 남은 날들이 오직 하나님께 감동을 드리는 지조 있는 순결한 믿음의 삶이 되기를 소원해 보면서 하나님께 영광과 찬송을 올려드린다.

아름다운 찬양

어제 저녁예배는 찬양대의 인도로 진행됐다.

저들은 지휘자의 손끝을 주목하며 온전히 하나가 되어 하나님께 영광을 돌리고 있었다.

저들의 신앙과 열정과 그리고 하나 됨이 너무나 아름다웠다.

예배는 영적 감동으로 가득 찼고 우리는 그 찬양 속에서 하나님의 영광을 느낄 수 있었다.

그 후 나는 하나님이 원하시는 진정한 찬양의 모습을 깨닫게 되었다.

하나님은 찬양을 무엇보다도 사랑하신다.

그리고 당신과 나의 찬양 속에 영광을 받으시며 그 영광 받으심 속에서 기쁘게 일하신다.

여호사밧 왕이 전쟁의 환란 가운데 있을 때 그는 하나님께 간절히 부르짖었고 하나님은 찬양 가운데서 그에게 응답하셨다.

그 후 그는 전쟁 중에 맨 처음 자리에 찬양대를 배치하며 온전히 하나님만을 바라보게 되었다.

하나님은 그의 신앙과 찬양 가운데 일하셨고 앞서서 전쟁을 친히 지휘하셨다.

그 결과 이스라엘은 전쟁에 큰 승리를 얻게 되었다.

인간을 만든 이유는 하나님께 찬양과 영광을 돌리게 하려 함이다.

모든 나무와 만물들은 오늘도 하나님께 순종하며 찬양을 돌리고 있다.

하지만 오직 인간만은 부패하여 배은하고 있으며, 하나님 아버지께 드릴 찬양과 영광을 가로채고 있는 것이다.

그리고 우리 성도들마저도 형식적인 찬양과 기도 속에 억겨운 예배를 드릴 때가 심히 많은 것이다.

우리 이제 주님을 높이는 진정한 찬양을 회복해야 한다.

실로 찬양은 우리에게 새 힘을 주고 마귀를 대적하는 빛이 되는 삶의 강한 무기이다.

나는 집안에서 늘 찬양을 들으며 생활하려 하고 있다.

찬양을 들을 때 마음이 평안해지고 영혼이 주님만을 바라봄을 느낄 수 있기에.

그러나 하루를 바쁘게 살다 보면 찬양과 기도를 잊고 살 때가 수없이 많다.

하지만 이제 돌이키려 한다.

무엇이 먼저이고 무엇이 가장 중요한 것인가를 깨달았기에.

하나님은 오늘도 당신과 나의 삶의 예배를 받으시길 원하신다.

무엇보다도 당신과 나의 삶의 진정한 찬양을 들으시길 원하신다.

그리고 그 찬양 속에 우리의 문제를 함께 해결해 주시고 우리의 진정한 사랑과 행복이 되기를 원하신다.

이 시간 주님의 한없는 은혜를 생각하며, 이 겨울 온전한 찬양 속에 하나님께 나아가기로 하자.

주님의 빛

오늘따라 창가 날씨가 아름답다.

며칠 동안 을씨년스럽던 날씨 탓인가, 모처럼 마음이 상쾌해진다.

창가의 햇살은 마음 깊이 파고들어 영혼의 빛으로 그 나래를 편다.

빛! 이것은 무엇과도 바꿀 수 없는 생명 그 자체이다.

모든 사람은 영원한 생명을 얻기를 원하지만, 그것을 어디서 찾을지 알지 못해 방황하고 있다.

그러나 예수님은 이 영생의 길을 알려주신다.

"내가 곧 길이요 진리요 생명이라. 나로 말미암지 않고는 아버지께로 갈 자가 없다"고 말씀하셨다.

우리가 찾는 영생의 빛은 아버지 품속에 있는 생명이며 그것은 예수 안에서 참된 길로 발견되는 것이다.

또한, 빛은 모든 것을 태어나게 하며 자라나게 하는 힘이다.

추운 겨울 내내 죽었던 것 같던 대지 위에 햇빛이 비출 때 그 언 땅은 녹고 깊은 땅속의 뿌리와 씨앗들이 잠에서 깨어나게 된다.

그리고 생명의 떡잎을 내면서 태양을 향해 얼굴을 내어민다.

그리고 그 빛을 바라보며 그 키가 자라게 되고 온갖 꽃과 함께 아름다운 열매를 맺게 된다.

참으로 빛 없이는 생명의 탄생과 성장을 기대할 수 없는 것이다.

우리에게 이 빛은 바로 주님의 사랑이라고 할 수 있다.

주님은 꽁꽁 언 우리의 양심에 자신의 사랑의 빛을 비추어 주어 우리의 영혼이 깨어나게 하고, 그의 말씀을 먹이심으로 우리의 믿음이 성장하게 하며 삶의 열매를 맺게 하는 것이다.

그러나 그러한 빛도 철저한 자기희생이라는 원칙 아래 빛을 발하고 있듯이 주님은 자신의 희생으로 인해 사랑의 빛을 우리 모두에게 비추고 있는 것이다.

그리고 우리 모두도 또한 이웃을 위해 희생의 섬김의 빛을 비추기를 원하고 계신다.

당신은 이웃을 위해 얼마나 섬김의 사랑의 빛을 비추며 살고 있는가?

혹시 날마다 말로만 사랑을 말하고 있는 것은 아닌가?

주님은 이 시간도 우리 모두 일어나 어둠 속에 빛을 비추라고 말씀하신다.

주님의 빛, 사랑의 빛, 생명의 빛을 당신의 희생의 섬김을 통해 어려운 이웃에게 비추라고 말씀하신다.

오늘도 빛의 자녀로 살아가기 원하는 우리 모두에게 아침 햇살은 고요한 의미로 깊은 묵상 속에 가슴에 가득히 비추어 온다.

인간존중의 교육

오늘 지역의 고등학교 교장선생님들을 방문했다.

매년 변함없이 우리 대학을 사랑해 주시고 입시 때마다 많은 관심을 보내 주시는 그 사랑에 대해 고마움을 전하기 위해서이다.

맞아 주시는 교장선생님들의 겸손하고 따뜻한 그 모습이 나의 가슴을 뭉클하게 하였다.

대학교 총장이 입시의 고마움을 표현하고자 직접 찾아 주셨다고 송구스러워하셨다.

그러나 한평생을 교육에 헌신하시며 한결같은 스승의 길을 걸으신 교장선생님들의 겸손하시며 인격적인 그 모습은 후배 교육자인 우리에게 깊은 감동과 배움을 갖게 하였다.

그리고 겸손한 선배 교육자의 모습 속에서 진실한 스승의 모범을 느끼게 되었다.

마음속에 감동과 존경이 느껴졌다.

이 세상이 바로 가기 위해서는 무엇보다도 교육이 살아야 하며 교육자가 존경받아야 한다.

그리될 때 학생들은 인간재목의 희망을 품게 될 것이며, 그 길이 밝은 우리 미래의 등불일 것이다.

요즈음 사회의 풍조가 가슴을 아프게 한다.

아들이 공부를 재촉하는 아버지가 싫어서 아버지를 죽이고 옷장에 가두었다가 한 달이 지나서 찾은 비참한 이야기를 얼마 전 뉴스에서 들었다.

가슴이 너무나 섬뜩했다.

왜 이러한 지경까지 우리들의 자식들이 탈선되었는가, 우리는 심각하게 질문해야 한다.

우리 사회의 잘못된 문화와 잘못된 교육은 변화되어야 한다.

참으로 인간을 소중히 여기는 전인적인 교육과정과 방향으로 모든 것이 바뀌어야 한다.

오늘 연세든 선배 교장선생님들의 인격적인 모습 속에서 흐트러진 우리의 문화와 잘못된 교육환경을 더욱 한탄해 보게 된다.

이제라도 우리 모든 교육자는 우리들의 자녀들을 위하여 새로운 방향을 제시해야 한다.

살아 있는 교육, 생명을 존중하는 전인적인 교육이 우리 모두에게 절실히 필요한 시대이기 때문이다.

그런데 당신은 이 일에 대하여 얼마나 민감하며 또 얼마나 마음을 같이하고 있는가?

매사에 미온적인 우리 자신의 태도부터 깊이 반성하면서 새로운 각오 속에 우리 자신을 돌아보아야 할 것이다.

GM의 경종

2.92달러.

미국의 자존심이었던 GM의 11월 11일 종가이다.

너무나 놀랐다.

나는 1982년에 미국 유학길에 올랐었고 그곳에서 8기통의 화려하고 눈부신 세단들을 보았다.

GM, 포드, 캐딜락, 뷰익 등의 차들은 미국의 큰 자존심이었다.

그러나 저들은 지금 파산위기에 놓여 있다.

반면 도요타는 미국에서도 세계에서도 그 인기가 1위에 달하고 있다.

무엇이 문제일까?

무엇보다 GM은 시대를 읽지 못했다는 것이다.

반면 도요타의 경영진들은 10년 후의 미래를 보면서 오일의 고갈과 전기차의 필요성을 깨달았었다.

그때의 도요타는 호황을 누리지 못했으나 GM과 포드 등은 그 당시 최고의 인기를 누렸다.

그런데 지금 모든 것은 역전되었으며, 도요타는 세계의 주목과 환호를 받고 있다.

이 관점에서 볼 때 바른 진단으로 미래의 방향을 잡는 것이 우리에게 얼마나 필요한 일인가 생각하게 된다.

주님이 오신다고 말씀하신 지 2천 년이 지났다.

모든 환경은 말씀 그대로 종말로 치닫고 있으며 세계의 정세는 계시록을 향해 달려가고 있다.

그런데도 교회와 신도들은 가난했던 예전의 모습을 잊어버리고 안일하게 살고 있다.

로마가 교회를 탄압했을 때 교회는 지극히 순결했다.

그러나 국교로 인정한 후 가장 크고 화려한 교회들이 세워졌으며 교회의 타락은 그때부터 시작되었다.

우리는 늘 깨어 있어야 한다.

주님은 열 처녀의 비유 속에서 "생각지도 않은 때에 도적처럼 임할 것이니 너희는 깨어 있으라"고 말씀하신다.

GM의 몰락은 경영진뿐만 아니라 믿음으로 살고 있는 우리 모두에게 큰 경종을 주고 있다.

우리는 지금 깨어 있는가?

우리의 귀는 주님의 음성을 듣기 위하여 열려 있는가?

이 시간 자신을 돌아보기로 하자.

유학생 그 보물들

얼마 전, 중국 청도에 다녀왔다.

놀라운 것이 단 몇 년 만에 7, 8천여 개였던 한국 기업이 다 사라지고 반도 안 되는 3천여 개의 기업만이 남아 있다는 것이다.

그 여파로 한국에 유학했던 많은 학생이 중국에 돌아와서 취업 처를 구하지 못하고 있다고 한다.

그로 인해 중국인들의 한국 대학에 대한 시야는 많이 부정적이다.

무엇이 문제였을까?

지금 우리 대학에도 중국 유학생들이 많이 있다.

우리는 저들을 가슴에 품고 사랑 가운데 달려왔다.

우리 대학은 저들을 양부모 교수님에게 안겨 주면서 전공과 사랑과 신앙교육을 심어 주려고 노력하였다.

뿐만 아니라 저들을 중국과 세계를 위한 자국민 선교사로 세우고자 마음속에 비전을 태우며 노력했었다.

우리는 앞으로도 하나님 나라를 위한 그러한 노력을 계속할 것이다.

하지만 우리의 많은 대학이 중국과 중국 사회에 신뢰를 잃고 대한민국의 이름에 흠을 내고 있다.

그것은 유학 온 외국 학생들을 쉽게 여기고 저들을 위한 사랑의 길잡이를 진심으로 해주지 않았기 때문이다.

학생 한 사람 한 사람 너무나 소중한 자원이며 사랑의 대상이다.

그것이 외국 학생이면 우리의 세계화를 위한 하나님이 보내주신 귀한 선물이자 소중한 자원인 것이다.

또한, 그들은 정의와 사랑을 꽃피우기 위한 미래의 새싹이다.

하나님은 저들을 통하여 생명의 복음을 그 나라에 심기를 원하신다.

그러나 많은 대학들이 영적인 안목과 사랑이 부족했기에 저들을 귀한 영혼으로 보지 못하고 단지 유학생 숫자들로만 간주했었다.

그 결과 그 타격을 한국의 우리 모두가 받게 된 것이다.

하지만 정의는 살아 있고 하나님은 지금도 우리의 모든 것을 보고 계신다.

처음부터 끝까지 진리와 사랑 가운데 세계의 희망인 저 유학생들에게 사랑의 물을 주고 헌신해 온 학교들은, 그 아름다운 열매를 저들을 통하여 반드시 얻게 될 것이다.

오늘도 실망 속에 희망을 품어 보며 고난 속에 또 다른 도전을 생각한다.

그리고 변함없는 영혼의 사랑을 세계 속에 하나님 나라의 확장을 위하여 다시금 다짐해 본다.

그리고 한국과 중국을 넘어서 하나님이 기뻐하시는 진정한 교육 선교사로 살아가기를 마음에 다짐해 본다.

교과서

가정형편이 어려운 가운데도 서울대에 입학한 학생의 감동적인 사연을 접했다.

그 학생의 집은 화재로 전부 불타 버리고 설상가상 그의 아버지는 병마로 세상을 떠났다.

절망 속에 그는 학업을 포기할 생각까지 하였지만, 주위 분들의 위로와 격려로 그 위기를 극복하였다.

모든 짐을 혼자 지고 애쓰시는 어머니를 위해서도, 그리고 자신을 위해서도 공부만이 살길이라고 생각하였다.

어려운 형편상 학원과 과외는 꿈도 꿀 수 없던 그는, 교과서의 내용을 반복적으로 깊이 공부하였다.

그 후 그는 책 내용 그대로를 그림까지 포함하여 자신의 노트에 옮겨 적기 시작했다.

그리고 두 번째도 또다시 옮겨 적었다.

그리고 세 번째도 똑같이 옮겨 적었다.

그러다 보니 책의 핵심이 깊이 파악되었고 오직 교과서에 전 생명을 건 결과 그는 학교의 으뜸자리를 유지할 수 있었다.

그리고 마침내 자신이 원하던 서울대학교에 합격하였다.

우리나라는 어려서부터 아이들을 학원에 보내는 것이 사회풍조다.

그 결과 학생들은 공교육을 우습게 여기며 또한 나이에 맞지 않는 어려운 삶을 살고 있다.

그뿐 아니라 엄청난 사교육비로 인하여 사회적인 문제를 유발하고 있다.

그런데 이 학생의 모범적인 마음과 공부의 패턴은 우리 모두에게 진정한 공교육의 바람직한 열매와 밝은 미래를 보여주고 있다.

어려움 속에서도 꿋꿋하게 최선을 다한 학생에게 뜨거운 찬사를 보낸다.

그리고 우리의 부모들이 자녀의 갈 길과 공부의 방향을 정말로 올바르게 지도하기를 원한다.

참으로 성공과 승리의 길은 정확한 기본을 꿰뚫는 데 있으며 그것이 저들의 미래에 커다란 힘이 되는 것이다.

지금 당신의 자녀는 어떠한가?

우리는 모든 것을 간소화 · 집중화하면서 가장 기본으로 돌아가도록 저들을 도와주어야 한다.

그 기본은 공교육의 충실화이다.

아울러 우리 모두는 인생의 가장 기본적 성공의 교과서는 바로 성경 그 자체임을 또 우리 자녀에게 알려주어야 할 것이다.

당신은 이것에 대하여 동의하는가?

그리고 이 일을 실행하고 있는가?

사랑의 불빛

마지막 종강예배.

모두 촛불을 들고 예배에 참석했다.

각과의 학생들은 찬양축제예배에 맞게 찬양과 워십댄스로 무대를 아름답게 수놓았다.

감동의 무대였다.

학생들은 기독교인이 단지 20~30%밖에 되지 않지만, 하나님은 저들을 사랑하셨고 진리 가운데 인도하셨기 때문이다.

작년 어느 학생은 '가서 제자 삼으라'의 노래를 연습하면서 주님을 만나게 되었고 근처 교회로 발걸음을 옮기게 되었다고 한다.

하나님은 진리와 생명 가운데로 저들을 인도하시기 위하여 모든 지혜 속으로 우리를 이끌어 가셨다.

예배의 마지막 10분이 나에게 주어졌다.

이들 중 예배가 이번이 생애 중 마지막인 학생도 많을 것이다.

이들에게 어떻게 사랑과 진리를 가르칠 것인가?

그래서 촛불을 나누어 주었고 어둠을 밝히는 생명의 빛은 오직 하나님이시며 그 빛은 예수님을 통해 우리 안에 존재하고 계심을 역설하였다.

그리고 어둠은 우리가 그 사랑의 빛을 밝힐 때에만 물러갈 수 있음을 외치게 되었다.

그렇다.

우리는 손 높이 촛불을 들면서 어두운 이 사회를 밝히기를 결단하였다.

사랑은 섬기는 것, 사랑은 씻겨 주는 것 그리고 사랑은 세워 주는 것이다.

2008년에는 어둡고 암울한 일들이 우리 사회를 괴롭혔다.

하지만 사랑의 사람, 하나님의 사람이 이 사회에 있는 한, 그리고 그 사랑의 불빛을 높이 드는 한 절망은 있을 수 없다.

왜냐하면, 하나님은 바로 그 사랑의 사람을 통하여서 이 사회를 회복시키시고 세워 가시기 때문이다.

기축년이 다가오고 있다.

다가올 해에는 더 많은 하나님의 사람들이 더 많이 섬기며 더 많이 사랑의 불빛을 비추기를 소망해 본다.

그런데 당신은 이 시대의 진정한 믿음의 사람, 사랑의 사람으로 살고 있는가?

당신은 당신의 사랑의 불빛을 오늘도 높이 들고 있는가?

이 시간 자신을 되돌아보기로 하자.